Johannes Kiess und
Michael Nattke

Widerstand über alles

Wie die Freien Sachsen die extreme Rechte mobilisieren

edition überland

Inhalt

Einleitung

Dresden, 8. Januar 2024. Auf dem grün-weißen Fronttransparent steht in der oberen Zeile: »Scholz, Habeck, Lindner & Co. das Handwerk legen.« Darunter in riesigen Buchstaben: »STOPPT DEN RAUB, STEUERN RUNTER!« In der Mitte hinter dem Transparent läuft Andreas Kalbitz, ehemaliger Landeschef und Fraktionsvorsitzender der AfD aus Brandenburg. Wegen seiner neonazistischen Vergangenheit wurde er aus der AfD ausgeschlossen. Sein Landtagsmandat für die Partei hat er behalten. Links und rechts neben ihm bekannte Gesichter der *Freien Sachsen*. Vorne links, noch vor dem eigentlichen Demonstrationszug läuft Jens Lorek, als »*Pegida*-Anwalt« zu zweifelhafter Bekanntheit gekommen. Durch seinen langen, schwarzen Ledermantel, den auffälligen schwarzen Hut und seine weiße Ordnerbinde am linken Arm ist er bei jedem Aufzug gut zu erkennen. Auch damals schon, im Jahr 2015, als er mit anderen gegen eine Erstaufnahmeeinrichtung für Geflüchtete in Freital protestierte.

Die Gesichter der Demonstrierenden sind angespannt, die Stimmung ernst. Ein paar Meter hinter dem Fronttransparent laufen sechs Personen mit großen Trommeln. Im immer gleichen Rhythmus wird in Stakkato auf das Instrument eingeschlagen. Der Ton assoziiert den Aufmarsch von Militär. Das bedrohliche Trommeln setzt ein dauerhaftes akustisches Achtungszeichen. Es führt auch dazu, dass alle hinschauen oder sich umdrehen, an denen der Zug vorbeizieht.

Im ersten großen Block der Demonstration weht etwa ein Dutzend ebenfalls grün-weißer Fahnen. In ihrer Mitte leuchtet das Wappen des Königreichs Sachsen. Zwischen den Fahnen im vorderen Teil der Demonstration ist ein Pappschild zu erkennen: In Rot-Gelb-Grün ist

»Ampel« zu lesen, daneben in den Reichsfarben Schwarz-Weiß-Rot: »In den Knast!« Auf einer schwarzen Fahne wird das Wappen des Königreich Deutschland umrandet von dem Schriftzug »Hüte dich vor Sturm und Wind und Ossis, die in Rage sind!« Zu sehen ist auch eine schwarz-rot-gelbe Deutschland-Flagge. Am Rucksack einer älteren Frau ist zu lesen: »Wir brauchen KEINE Parteien. Ampel muss weg!« Weiter hinten weht die Wirmer-Fahne, die ein Kennzeichen von *Pegida* war. Ein Banner der Partei *Die Heimat* ist zu sehen. Vor Kurzem noch hieß diese Kleinstpartei NPD. Viele Teilnehmende tragen selbst gestrickte Mützen in Schwarz-Weiß-Rot. Auf einem selbst gemalten Pappschild steht »BRD abschalten«, auf einem anderen »Ami go home!« Eine kleine Delegation der Neonazi-Kleinstpartei *III. Weg* ist ebenfalls angereist. Sie tragen im hinteren Teil der Demonstration ein eigenes Transparent mit der Aufschrift: »Deutsche Jugend voran! Klagt nicht, sondern kämpft!« Die meisten der Teilnehmenden sind männlich und älter als 50 Jahre. Sie repräsentieren das typische *Pegida*-Klientel alter, unzufriedener, rassistischer, weißer Männer aus Ostdeutschland. Aber auch einige Jüngere sind gekommen, viele von ihnen in Arbeitskleidung. Bei ihnen handelt es sich offenbar überwiegend um Handwerker und andere Kleinunternehmer.

Dieser 8. Januar 2024 ist der erste Tag einer bundesweiten Aktionswoche gegen die Streichung der Agrardieselsubventionen und Kfz-Steuerbefreiung in der Landwirtschaft. Sämtliche deutsche Bauernverbände haben dazu aufgerufen. Von extrem rechten Trittbrettfahrern versucht man sich zu distanzieren. Trotzdem setzen die *Freien Sachsen* ihren »Tag des Widerstandes« sehr gezielt als Teil der bundesweiten Aktionen in Szene.

Es wird am Ende dieses Tages eine der größten von Neonazis angeführten Demonstrationen sein, die es in der Bundesrepublik bisher gegeben hat. Als das Fronttransparent die Elbe überquert und die Sächsische Staatskanzlei erreicht, ist das Ende der Demonstration noch in der Dresdner Altstadt. Etwa zehntausend Menschen sind auf der Straße. Trotz klirrender Kälte. Die Sonne scheint von einem strahlend blauen Himmel. Aber es sind minus 7 Grad an diesem Montagvormittag in Dresden. Alle 30 bis 40 Meter trägt jemand eine der grün-weißen Fahnen. Sie wurden auf der ganzen Demonstration verteilt. Sie sollen zeigen, dass hier alles zusammengehört. Ob auch im hinteren Teil wirklich alle wissen, wer im vorderen Teil der Demonstration läuft, ist fraglich. Dass die Bedeutung oder Symbolik der Fahne allen klar ist, mag bezweifelt werden. Sicher ist aber, dass es denen, die die extrem rechten Inhalte der *Freien Sachsen* nicht teilen, mindestens egal ist. Würde man sich an die Seite stellen, die Teilnehmenden darauf aufmerksam machen, dass vorne Neonazis laufen, ja, dass diese Demonstration von Neonazis angemeldet und organisiert wurde – würden sie wohl bestenfalls mit den Schultern zucken, würden abwinken.

Eine der ersten Redner:innen an diesem Tag ist Carolin Bachmann, Bundestagsabgeordnete der AfD. »Vielen herzlichen Dank für euch alle, dass ihr, dass Sie heute hier sind und dass wir gemeinsam dieser Kretschmer-Regierung und dieser Ampel-Regierung zeigen, dass wir das nicht mehr wollen«, ruft sie unter dem Jubel der Anwesenden in das Mikrofon. Neben ihr auf der Bühne stehen Marcus Fuchs, ein regional bekannter Aktivist der *Querdenken*-Bewegung, und Max Schreiber, Neonazi und regionaler Kopf der *Freien Sachsen* sowie Organisator der Demonstration. Carolin Bachmann schwört die Masse ein: »Ihr kennt jeder den Spruch: Getrennt marschieren. Das machen wir. Wir machen jeder unsere Arbeit. Alle auf der Straße, alle im Widerstand und wir in den Parlamenten.« Bachmann begrüßt, dass die Banner und Fahnen von Parteien am heutigen Tag nicht dominant seien und ruft: »Es geht überhaupt nicht darum, wer hier irgendwo in welcher Partei oder Vereinigung ist. Es geht darum, was ihr im Herzen tragt. Es geht darum, ob ihr die Liebe zum Vaterland habt. Ob ihr wollt, dass wir weiterhin oder wieder in einem sicheren, stabilen, friedlichen und freiheitlichen Deutschland leben. Und dafür gehen wir auf die Straße.« Die Menge jubelt.

Später wird direkt vor der Sächsischen Staatskanzlei die Bühne aufgebaut. Hinter den Redner:innen steht »Bauernstand ist Ehrenstand.« Daneben ein Pavillon, in welchem Merchandising-Artikel der *Freien Sachsen* verkauft werden. Michael Brück ist einer der Redner. Bis vor wenigen Jahren saß er für die Partei *Die Rechte* im Dortmunder Stadtrat. Jetzt ist er ein führender Kopf bei den *Freien Sachsen*. Mit Max Schreiber und Andreas Hofmann, besser bekannt als DJ Happy Vibes, sprechen weitere Protagonisten der Partei. Auch Frank Hannig tritt ans Mikrofon. Er sitzt für die *Freien Wähler* im Dresdner Stadtrat. Als Rechtsanwalt hatte er unter anderem Angehörige der rechtsterroristischen Vereinigung *Gruppe Freital* sowie den wegen des Mordes an dem Kasseler Regierungspräsidenten Walter Lübcke angeklagten Stephan Ernst verteidigt. Mit einem Funktionär des *Aufbruchs deutscher Patrioten – Mitteldeutschland* (ADPM), einem Vertreter der extrem rechten Arbeitnehmervereinigung *Zentrum*, einem völkischen Siedler aus Mittelsachsen, einem Anhänger einer Reichsbürgergruppierung und dem Vorsitzenden einer rechten Unternehmervereinigung aus Ostsachsen geben sich in der Folge unterschiedlichste Akteure der extremen Rechten das Mikro in die Hand. Die *Freien Sachsen* sprechen im Nachgang davon, dass das Volk nun endlich aufgestanden sei und dass an diesem Montag mehr als 20 000 Menschen auf der Straße gewesen sein sollen.

Abbildung 1:
Auftaktkundgebung einer Demonstration der *Freien Sachsen* am 08. 01. 2024 in Dresden.

FOTO: VUE.CRITIQUE

1. Entwicklungsdynamiken der extremen Rechten

In diesem Buch gehen wir am Beispiel der noch jungen Kleinstpartei *Freie Sachsen* der Frage nach, wie sich die extreme Rechte in Deutschland derzeit und im Schatten der *Alternative für Deutschland* (AfD) entwickelt. Die Lage ist unübersichtlich, in den letzten Jahren traten immer neue Protestbewegungen, Parteien und Gruppierungen auf den Plan. Die AfD erhält als wichtigste Partei der extremen Rechten eine hohe Aufmerksamkeit, da ihr Einfluss in Medien und Parlamenten seit Jahren stetig zu nimmt. Bundesweit ist sie zum Zeitpunkt des Erscheinens dieses Buches in sämtlichen Umfragen die zweitstärkste Partei, in Thüringen ging ein Landratsmandat an einen Kandidaten der Partei, im sächsischen Pirna gewann ein von ihr aufgestellter Kandidat die Oberbürgermeisterwahl und im Jahr 2024 kämpft die extrem rechte Partei bei drei Landtagswahlen darum, die stärkste politische Kraft zu werden. Das Verhältnis der AfD zur extremen Rechten insgesamt ist dabei ambivalent.

Denn einerseits ist der Aufstieg der völkisch-nationalistischen »Alternative« rechts der Christdemokratie Resultat und Beschleuniger der nach rechts driftenden politischen Kultur in Deutschland. Die Zustimmung zu offen rechtsextremen und insbesondere neonazistischen Aussagen ist in den letzten 20 Jahren eher zurückgegangen (Decker et al. 2022). Das Ressentiment – ein in (vermeintlichem) Zurückgesetzt-Sein begründeter Groll – wird allerdings gegen bestimmte Gruppen wie Geflüchtete, Sinti:zze und Roma:nja und Muslim:innen auf weiterhin hohem Niveau ausagiert. Vor allem hinsichtlich der Migrationspolitik verschärft sich Jahr um Jahr das politische Klima, das Recht auf Asyl wird faktisch ausgesetzt. Rechte

Gewalt, Drohungen und Hassrede, auch Skandale in den Sicherheitsbehörden bleiben ein Dauerthema. Das extrem rechte Spektrum und seine Vorfeldorganisationen, Kleinstparteien und subkulturellen Gruppierungen sehen sich angesichts dieser Entwicklungen im Aufwind. Und so ist auch für die *Freien Sachsen* das politische Klima günstig, wie wir in diesem Buch zeigen werden.

Andererseits aber zieht die AfD Ressourcen und Aufmerksamkeit von anderen Akteuren ab: innerhalb des Spektrums von potenziellen Wähler:innen, Mitgliedern und Unterstützer:innen und außerhalb, in der breiten Öffentlichkeit die der Medien und politischen Gegner. So ist die NPD faktisch in der Bedeutungslosigkeit verschwunden, woran auch die Umbenennung in *Die Heimat* nicht viel geändert hat. Viele andere Projekte und Initiativen wie die Reichsbürgerbewegung, die Kleinstparteien *Die Basis* oder *Der III. Weg* und Strukturen wie die Kameradschaftsszene – so könnte man meinen – kommen nicht über ihre jeweiligen Nischen hinaus. Doch eine solche Beschreibung übersieht die zentralen Charakteristika der gegenwärtigen extrem rechten Mobilisierung: ihre hybriden, agilen und bewegungsförmigen Strukturen, die zwar (auf Außenstehende und von Weitem betrachtet) wie ein unübersichtlicher Haufen wirken mögen, sich aber vor allem im Hinblick auf ihr Feindbild (die liberale Demokratie in ihrer derzeitigen Form) einig und deshalb mobilisierungsfähig sind. Damit wird auch plausibel, weshalb spätestens seit 2015 auf extrem rechten Demonstrationen unterschiedliche Milieus Seite an Seite marschieren und die AfD trotz dieser Ausdifferenzierung reüssieren kann. Vor diesem Hintergrund widmen wir uns in diesem Buch der Bewegungs- und Netzwerkpartei *Freie Sachsen* erstmals ausführlich und erarbeiten und überprüfen an diesem Beispiel Thesen zu den generellen Entwicklungstendenzen der extremen Rechten.

Entwicklungslinien der extremen Rechten

Mit der Formulierung »extreme Rechte« nutzen wir einen Sammelbegriff, der neurechte, (neo-)faschistische, (neo-)nazistische, ultranationalistische, Reichsbürger-/Souveränisten- und viele weitere Strömungen umfasst. Diese sind durch ihre mehr oder weniger »extrem« ausgeprägte, aber letztlich immer wesentliche Ablehnung der liberalen Demokratie und einem Bekenntnis ethnisch mehr oder weniger exklusiven Nation[1] gekennzeichnet. Ein solch breiter Begriff ist notwendig, um der Heterogenität der Szene gerecht zu werden und dennoch alle Strömungen miterfassen zu können. So plädiert Andrea Pirro für den englischsprachigen Forschungskontext ebenfalls für »far right« als Sammelbegriff, um die Beschreibung der wachsenden Verbindungen zwischen illiberal-demokratischen (rechtsradikalen) und offen antidemokratischen (extremistischen) Akteuren zu ermöglichen (Pirro 2023). Auch Cas Mudde nutzt »far right« als Sammelbegriff und unterscheidet die revolutionär ausgerichtete extreme von der reformerischen radikalen Rechten, wobei beide die liberale Demokratie ablehnen (Mudde 2019: 7). Uneinigkeit besteht zwischen den Strömungen also vor allem in der Wahl der Mittel (ebd.: 31).

Als Sammelbegriff bezieht sich »extrem rechts« inhaltlich im Kern auf eine Ideologie der Ungleichheit (u.a. Salzborn 2015: 67). Diese schließt auf der sozialen Ebene die Abwertung anderer aufgrund ihrer (zugeschriebenen) Gruppenzugehörigkeit und auf der politischen Ebene revisionistische und antipluralistische Ideologeme ein (Decker et al. 2022: 33; Decker/Brähler 2006: 20). Gemeinsamer Bezugspunkt extrem rechter Akteure sind ein völkisch-nationalistischer Diskurs, Ungleichwertigkeitsideologie und Antipluralismus – sie weisen eine »Familienähnlichkeit« (Klärner/Kohlstruck 2006: 31) auf, ohne dass sie sich deshalb immer auf die gleichen Traditionslinien beziehen oder gar zusammenarbeiten müssen. Eine geschlossene politische Ideologie ist dabei weniger entscheidend, zumal die häufig genannten »Vordenker« wenig Originelles vorzuweisen haben. So notiert Kurt Sontheimer in seiner umfassenden Untersuchung über das »Antidemokratische Denken in der Weimarer Republik«: »Man könnte das völkische Denken in seiner primitiven Gestalt überhaupt ignorieren, es einfach als Unsinn abtun, wäre es nicht in den Gehirnen von Menschen wirksam gewesen, die unter der Herrschaft des Nationalsozialismus zur blutigen Exekution ihrer völkischen Theoreme schritten.« (Sontheimer 1978: 134) In der entscheidenden Frage, der Frontstellung gegen die Demokratie und die Allgemeingültigkeit der Menschenrechte (Gleichheitspostulat), ist man sich jedenfalls zuweilen einig genug, um die liberale Demokratie und ihre Vertreter:innen gemeinsam bekämpfen zu können.

1 Mudde nennt den Nativismus »das dominante Merkmal der zeitgenössischen populistischen radikalen Rechten« und definiert ihn als »eine Kombination aus Nationalismus und Ausländerfeindlichkeit. Diese Ideologie behauptet, dass Staaten exklusiv von Mitgliedern einer einheimischen Gruppe (der Nation) bewohnt werden sollten und dass alle nicht-einheimischen (oder ›fremden‹) Elemente, egal ob Personen oder Ideen, den homogenen Nationalstaat fundamental bedrohen.« (Mudde 2019: 27, hier und im Folgenden Übersetzung durch die Autoren.)

Mit diesen Anmerkungen ist der Begriff unserer Auffassung nach hinreichend präzise bestimmt, um autoritäre und nativistische Akteure zu identifizieren, ohne dabei inhaltlich fragwürdige Unterscheidungen etwa zwischen »hartem« und »weichem«, gerade noch »akzeptablem« (für wen, auf welcher Basis?) Rechtsextremismus[2] zu insinuieren.

Innerhalb des so definierten Spektrums gehen wir von mindestens sechs Beobachtungen aus, die es notwendig machen, neben dem Aufstieg der AfD die Entwicklung der extremen Rechten insgesamt und gerade auch aktuelle Projekte wie die *Freien Sachsen* genau im Blick zu behalten. *Erstens* ging der Aufstieg der AfD bislang zumindest mit einem relativen Bedeutungsverlust neonazistischer Gruppierungen einher. *Zweitens* ist die extreme Rechte hybrider, agiler, bewegungsförmiger geworden – sie hat sich stark ausdifferenziert und ist schon seit Jahren nicht mit dem verengten Bild des stiefeltragenden Schlägers umfassend beschrieben. *Drittens* lassen sich auf der Grundlage der internationalen Forschung zu sozialen Bewegungen, die seit *Pegida* auch innerhalb der bundesdeutschen Rechtsextremismusforschung wichtiger geworden ist, wertvolle Hinweise auf die Erfolgsbedingungen extrem rechter Bewegungen skizzieren. *Viertens* hat die Strömung der sogenannten Neuen Rechten in den letzten drei Jahrzehnten spürbar an Bedeutung gewonnen, was sich inzwischen in den Taktiken und Strategien der extremen Rechten insgesamt niederschlägt. *Fünftens* hatte der Aufstieg der AfD wie auch der regionale Erfolg der *Freien Sachsen* Vorläufer und waren die Krisen der vergangenen Jahre willkommene Gelegenheitsfenster für die Mobilisierung nach rechts außen. *Sechstens* gilt Sachsen seit Jahrzehnten als Schwerpunkt und Laboratorium der bundesweiten extremen Rechten. Hier sollten sich also unter einem Brennglas neuere Entwicklungen untersuchen lassen. Wir wollen zunächst näher auf diese sechs Punkte eingehen.

2 Den Begriff Rechtsextremismus nutzen wir in diesem Buch um die Gesamtheit extrem rechter Akteure, Strömungen, Resonanzräume und Ideologien zu bezeichnen, da kein anderer Oberbegriff zur Verfügung steht. Nicht weiterführend ist für uns hier hingegen der vorrangig juristische Begriff »rechtsextremistisch«, wie er von Behörden und hier insbesondere den Verfassungsschutzämtern genutzt wird. Davon unberührt sei an dieser Stelle angemerkt, dass das sächsische Landesamt für Verfassungsschutz die *Freien Sachsen* schon seit kurz nach deren Gründung als gesichert rechtsextreme Bestrebung beobachtet.

Möglichkeitsräume im Schatten der AfD

Zunächst führte der Aufstieg der AfD zu einem gewissen Bedeutungsverlust insbesondere neonazistischer Akteure. So kommt der AfD im Themenfeld extreme Rechte in den letzten zehn Jahren sowohl öffentlich-medial als auch in der sozialwissenschaftlichen Forschung eine Aufmerksamkeit zu, die NPD, *Republikaner*, DSU und andere nie, jedenfalls nicht auf Dauer, erreichen konnten. Während NPD-Abgeordnete ob ihrer extremistischen Positionen gemieden und ausgegrenzt wurden, sitzen AfD-Vertreter:innen ganz selbstverständlich regelmäßig in Talkshows und werden zu Empfängen sowie Debattenrunden eingeladen. Die Partei hat sich als Faktor im politischen System etabliert. Auf kommunaler Ebene ist die – wenn auch verdeckte – Zusammenarbeit insbesondere mit Fraktionen der CDU inzwischen wiederholt beobachtet worden (Hummel 2023). Ihre Erfolge bei Landtags- und Bundestagswahlen, zuletzt bei einzelnen und absehbar dieses Jahr vor allem bei den Kommunalwahlen in neun Bundesländern, haben das deutsche Parteiensystem nachhaltig verändert. In einzelnen (ostdeutschen) Bundesländern und vielen Kommunalparlamenten besteht die reale Gefahr, dass Mehrheiten gegen die AfD in naher Zukunft nur noch durch breite Bündnisse von Linkspartei bis CDU möglich sind.

Parteien wie die NPD sind hingegen in die Bedeutungslosigkeit gerutscht (Kiess 2023). Der Druck auf Vereinsstrukturen und die organisierte Kameradschaftsszene hat zur Gründung von Kleinstparteien wie dem *III. Weg* geführt (Andreasch 2014, Schedler 2020), die Szene aber dennoch zunächst geschwächt. Die größte Gefahr für die Demokratie in Deutschland geht von der AfD aus, das zeigen der Aufstieg extrem rechter Parteien wie die *Fratelli d'Italia*, die Ausrufung einer »illiberalen Demokratie« durch Viktor Orbán, die Präsidentschaft Donald Trumps in den USA und viele weitere Beispiele extrem rechter Regierungsübernahme. Denn anders als NPD und Co. eröffnet die AfD der extremen Rechten tatsächlich die Chance, Hand an die liberale Demokratie zu legen.

Allerdings ist das nur eine Seite der Medaille. Denn im Schatten der AfD haben sich für die extreme Rechte auch neue Möglichkeiten aufgetan.[3] Die Wahlkampfkostenerstattungen, gewonnene Mandate und die Ausstattung der Fraktionen bieten bundesweit Hunderten, ja Tausenden Gleichgesinnten Posten und Mittel für die politische

3 Auch Viktor Orbán, Donald Trump oder Giorgia Meloni wären übrigens ohne die umfassende Unterstützung »alternativer« Medien, extrem rechter Subkulturen, durch Seilschaften und nicht zuletzt Geldgeber nicht so erfolgreich. Kein Rechtsruck kommt aus dem Nichts.

Betätigung. Neben den individuell lukrativen Karrieremöglichkeiten, z.B. als Mitarbeiter:in bei Abgeordneten, sind vor allem die nicht unerheblichen Finanzmittel wichtig, die in die Vorfeldarbeit der AfD (zurück)fließen. Noch weitreichender sind die Möglichkeiten der *Desiderius-Erasmus-Stiftung*, die im Umfeld der AfD nach dem Vorbild der demokratischen, parteinahen Stiftungen (z.B. *Friedrich-Ebert-Stiftung* oder *Konrad-Adenauer-Stiftung*) gegründet wurde (Semsrott/Jakubowski 2023). Auch hier können verdiente Kader mit Posten versorgt werden, vor allem aber die umfangreichen Mittel in Schulungen, Kampagnen und andere Formen politischer Arbeit investiert werden.

Die Ausrichtung der AfD und ihre Verbindungen zu anderen Akteuren der extremen Rechten werden auch mit Blick auf die sächsische Landesliste zur Bundestagswahl 2021 deutlich.[4] Platz zwei der Landesliste ging an den Richter Jens Maier aus Dresden, der vom Verfassungsschutz als Rechtsextremist eingestuft wird. Maier spricht unter anderem von »Mischvölkern« und fordert ein Ende des sogenannten »Schuldkultes«.[5] Siegbert Droese auf Platz drei beschäftigte 2019 Daniel Fiß, Neonazi und Mitglied der *Identitären Bewegung*, als Mitarbeiter seines Bundestagsbüros.[6] Auch posierte Droese in fragwürdiger Pose auf Fotos an der Wolfsschanze.[7] Andreas Harlaß aus Dresden, zeitweilig Pressesprecher der AfD Sachsen und der AfD-Fraktion im sächsischen Landtag, kandidierte auf Listenplatz fünf und stellte in der *Jungen Freiheit* die Alleinschuld Deutschlands am Zweiten Weltkrieg infrage.[8] Den Job als Pressesprecher der Fraktion übt zum Zeitpunkt der Drucklegung unseres Buches Felix Menzel aus, der mit dem Vorsitzenden der *Freien Sachsen*, Martin Kohlmann, 2002 die *Pennale Burschenschaft Theodor Körner zu Chemnitz* gründete, 2004 die extrem rechte Publikation *Blaue Narzisse* mitgründete und bis heute im Umfeld von Götz Kubitschek publiziert. Für die Einbindung der AfD in extrem rechte Netzwerke lassen sich in Sachsen weitere zahlreiche Beispiele finden.

4 Einen sehr guten Überblick bietet das inzwischen archivierte Rechercheportal https://idas.noblogs.org (zuletzt abgerufen am 07.02.2024).
5 https://www.deutschlandfunk.de/jens-maier-afd-rechtsextrem-richter-rueckkehr-100.html (zuletzt abgerufen am 07 .02. 2024).
6 https://www.zeit.de/politik/deutschland/2019-04/rechtsextremismus-identitaere-bewegung-afd-daniel-fiss-bundestag (zuletzt abgerufen am 07.02.2024).
7 www.l-iz.de/leben/gesellschaft/2018/02/Leipzigs-AfD-Vorsitzender-Siegbert-Droese-besuchte-die-Wolfsschanze-mit-fragwuerdiger-Geste-204932 (zuletzt abgerufen am 07.02.2024).
8 https://web.archive.org/web/20200224140004/https://jungefreiheit.de/kolumne/2014/canossa-liegt-auf-der-westerplatte (zuletzt abgerufen am 07.02.2024).

Die AfD ist eindeutig in die extrem rechte Szene integriert, sie wirkt als »Rahmenpartei« (Rippl/Seipel 2022: 65 und 72) insbesondere für Bewegungsakteure unterstützend. Als die lokale Kleinstpartei *Pro Chemnitz*, eine lokale Vorgängerorganisation der *Freien Sachsen* (siehe dazu näher Kapitel 2), 2018 rassistische Demonstrationen in Chemnitz organisierte, konnte sie sich der Unterstützung durch die AfD sicher sein. Man marschierte dicht an dicht und am Rande der Demonstrationen konnten wiederum militante Neonazis und Hooligans Jagd auf Migrant:innen und Andersdenke machen. Die Arbeitsteilung innerhalb der extremen Rechten funktioniert: Treibt es eine Gruppierung zu wild, distanziert man sich, insgesamt kalkulieren aber auch die scheinbar »gemäßigten« Akteure mit jeder Eskalation, wie wir weiter unten noch zeigen werden. Für Projekte wie die *Freien Sachsen* ist der Erfolg der AfD jedenfalls durchaus auch eine Chance.

Ausdifferenzierung und Heterogenität der extremen Rechten

Zweitens ist auch unabhängig von der AfD eine deutliche Ausdifferenzierung der extremen Rechten zu beobachten. Zu nennen sind hier eine ganze Reihe neuer, von der Polarisierung politischer Debatten und dem Rechtsruck profitierenden Medien (Bax 2018) wie *Compact* (Speit 2018: 37 f.), *Junge Freiheit* (Weiß 2017: 65 ff.), *Auf1*, *Tichys Einblick* bis hin zu Formaten wie *Achtung Reichelt!* und den inzwischen zahllosen Telegram-Kanälen (zur Telegram-Szene in Sachsen siehe Kiess et al. 2022). Der Politikwissenschaftler Fabian Virchow stellt insgesamt eine »größere Vielfalt des Angebots fest [...], was den Erscheinungsrhythmus, das spezifische Profil sowie die thematische Schwerpunktsetzung einzelner Medien anbelangt« (Virchow 2018). Daneben haben sich auch neue Organisationen etabliert, etwa das *Institut für Staatspolitik* als extrem rechter Thinktank (Speit 2018: 35 f.; Weiß 2017: 72 ff.), der Verein *Ein Prozent* als Kampagnen-Plattform (Fuchs/Middelhoff 2019: 105), die *Identitäre Bewegung* als aktivistischer Bund (Speit 2018; Weiß 2017: 93 ff.; Zúquete 2018), die Pseudogewerkschaft *Zentrum Automobil* (Aderholz 2021), die Protestorganisation *Pegida* (Kiess 2015; Volk 2021) usw. Und schließlich sind auch Neugründungen im neonazistischen Spektrum zu verzeichnen, wie die aus der Kameradschaftsszene hervorgegangene Kleinstpartei *Der III. Weg* (Kohlstruck/Lingk 2016; Kopke 2018; J. Müller 2016; Kiess 2023).

Insgesamt herrscht eine bisher nicht dagewesene Vielfalt am rechten politischen Rand. Gleichzeitig existiert derzeit keine politische Kraft oder führende Person innerhalb des Spektrums der (extrem) rechten Szene in der Bundesrepublik, die in der Lage wäre, das gesamte Lager entscheidend zu lenken. Grundsätzlich ist der Zustand der Zersplitterung und damit die Vielfältigkeit von verschiedenen Gruppen, Initiativen und Parteien am rechten Rand nicht völlig neu, sondern vergleichbar mit der Situation vor dem vorübergehenden Aufstieg der NPD. Allerdings streben diese Gruppierungen heute in der Regel nicht mehr nach einem gemeinsamen Organisationsdach, sondern nach einer Stärkung des Bewegungsgedankens. Mit ihm wird eine Klammer um die verschiedenen Strömungen gebildet, die gleichzeitig deren Selbstständigkeit gewährleistet. Scheitern einzelne Ansätze oder Ideen, dann gefährdet dies nicht (mehr) das große Ganze. Im Sinne eines bewegungsförmigen Ansatzes hat die extreme Rechte gelernt, dass das Setzen auf unterschiedliche Führungsaktivist:innen erfolgversprechender ist. Im extrem rechten Theorieorgan »Sezession« und einzelnen Veröffentlichungen des Verlags Antaios wird darauf in den letzten Jahren immer wieder Bezug genommen. Ins Gespräch gebracht wird eine sogenannte patriotische Bewegung, die auf unterschiedlichen Wegen einen »Kampf um die Identität und das damit zusammenhängende Selbstbestimmungsrecht unserer Völker« (Kubitschek 2016: 10) führt. Als politisches Lager, das diesen Kampf zu führen hat, beschreibt der Mitbegründer des extrem rechten *Instituts für Staatspolitik*, Götz Kubitschek, einen »bunten Haufen« aus »Intellektuellen, Medien, Verlagen, Bürgerbewegungen, Projekten, Gesinnungsgemeinschaften, Demonstrationsbündnissen und einem parteipolitischen Arm samt parlamentarischer Verankerung« (ebd.), der zu einer politischen Einheit zu formen sei, ohne dass dabei Einzelne die Führung beanspruchen. Gemeint sind in Kubitscheks Aufzählung unter anderem die AfD, der Verein *Ein Prozent*, die *Identitäre Bewegung*, extrem rechte Vereine und Zusammenschlüsse in Kommunen, *Pegida* und andere asylfeindliche Demonstrationen oder »Nein-zum-Heim«-Kampagnen, Zeitschriften und Magazine wie *Sezession* und *Compact*, Online-Medien wie *Politically Incorrect* oder *Blaue Narzisse*, die Zeitung *Junge Freiheit* als »wichtigstem Organ unseres Lagers« (ebd.: 11) und/oder der *Verlag Antaios* selbst. Gemeinsam will man sich in einer Pflicht zu handeln sehen, in dem es etwa heißt: »Unser Widerstand ist ein Widerstand aus Notwehr.« (Lisson 2008: 52)

Im Umfeld der AfD sowie darüber hinaus ist eine große Bandbreite an Akteuren aktiv, die von neurechten Projekten und Verlagen über Vorfeld- und Bewegungsorganisationen bis zu Neugründungen im Kontext der Covid-19-Pandemie wie den im Zentrum unserer Untersuchungen stehenden *Freien Sachsen* reicht. Zuletzt versucht die aktuelle, internationale Forschung auf die zunehmende Heterogenität und Hybridität der extremen Rechten zu reagieren und insbesondere den bislang starken Fokus auf die Parteien- (und Wahl-)forschung zu korrigieren. Spätestens seit *Pegida* in Deutschland, *Golden Dawn* in Griechenland (Ellinas 2020), den Aktionen der *Identitären Bewegung* in verschiedenen Ländern (Virchow 2015) wie auch seit der deutlich gestiegenen digitalen, organisatorisch diffusen Mobilisierung wird die Wirkung von *social movement organizations* auf die extreme Rechte insgesamt diskutiert. Die extreme Rechte wird deshalb inzwischen als netzwerk- oder bewegungsförmiges Spektrum beschrieben, das nicht nur von (mehr oder weniger extremen, Wahlstimmen maximierenden und/oder Regierungsbeteiligungen anstrebenden) Parteien geprägt ist, sondern auch von Bewegungen und Netzwerken, die auf die Mobilisierung öffentlicher Unterstützung sowie subkultureller Milieus setzen (Castelli Gattinara/Pirro 2019). Blicken wir auf die organisatorischen und strukturellen Aspekte der extremen Rechten, so haben klassische Parteistrukturen offenbar an Bedeutung verloren. Vielmehr ist etwa bei der US-amerikanischen *Alt-Right*-Bewegung, aber auch bei extrem rechten Bewegungen in anderen Ländern, von einem Geflecht von Gruppen, Organisationen und Einzelpersonen zu sprechen (Blee/Latif 2020), die (um einen zeitgenössischen Begriff aus der Betriebswirtschaft zu gebrauchen) agil – also beweglich, anpassungsfähig und nicht durch größere hierarchische Strukturen gesteuert – agieren. Gerade online haben wir es »mit einer wabernden Masse aus Wutbürgern und Trollen, Influencern und typischen Rechtsextremisten zu tun, die untereinander und in einer breiteren Öffentlichkeit zugleich kommunizieren« (Fielitz/Marcks, 2020: 183).

Deutlich wird das »Bewegungs-Denken« auch an einzelnen Aussagen namhafter Neonazis, wie zum Beispiel die des bekannten rechtsextremen Musikers Michael »Lunikoff« Regener. In einem Interview mit der Zeitschrift *N.S. Heute* sagte er im März 2018: »In der Situation, in der sich das deutsche Volk befindet, ist für Hader und Parteienstreit kein Platz.« (N.S. Heute 2018) Er appellierte zudem dafür, die AfD zu wählen, und freute sich über deren Einzug in den Deutschen Bundestag: »So sage ich, wir haben erstmals seit 1949 eine, sagen wir mal ›pro-deutsche‹ Partei im Bundestag, mit 90 Mann, Bingo, jetzt lass sie doch erstmal reinmarschieren, dann gucken wir uns das vier Jahre an.« (ebd.) Dass sich Neonazis wie Regener über den Einzug einer Partei in ein Parlament freuen, die in ihren öffentlich verlautbaren Zielen noch nicht einmal annähernd die eigene Ideologie widerspiegelt, ist neu. Hier zeigt sich ein neues Verständnis von rechter Bewegung, dem sich auch die militante Neonazi-Szene anschließen kann. Zwischen der AfD und der harten Neonazi-Szene sieht Regener eine klare Arbeitsteilung, wenn er sagt: »Der Nationale Widerstand hat nicht die Aufgabe, als demokratische Kraft gewählt zu werden – das wird sowieso nicht passieren – er hat die Aufgabe, Kader zu bilden, junge Leute ranzuziehen und sich auf Kommendes vorzubereiten.« (ebd.) Deutlich wird an diesen und ähnlichen Ausführungen, dass man sich als Teil einer größeren politischen Bewegung wähnt. Statt die AfD etwa für ihre Positionen zu kritisieren, die eine NS-Verherrlichung kaschieren, betont Regener den Nutzen und die Rollenteilung der Bewegung. Ereignisse wie z. B. die Aufmärsche in Chemnitz im Spätsommer 2018 haben gezeigt, dass diese unterschiedlichen Szenen auch tatsächlich dazu in der Lage sind, zumindest temporär und ereignisbezogen zusammenzuarbeiten (Antifaschistisches Infoblatt 2018).

Politische Gelegenheitsstrukturen

Die Hinwendung zu Ansätzen der Bewegungsforschung erweitert (dritte Beobachtung) das analytische Instrumentarium, mit der die extreme Rechte beobachtet wird. Die Bewegungsforschung hat in wichtigen Studien gezeigt, welche entscheidende Rolle strukturelle Merkmale eines politischen Systems für den Erfolg einer sozialen Bewegung spielen (Tarrow 1994; McAdam 1996; Tilly/Tarrow 2006; Giugni 2009). Vier Dimensionen der politischen Gelegenheitsstruktur lassen sich dabei unterscheiden (McAdam 1996: 27): So beeinflusst die relative Offenheit bzw. Geschlossenheit des politischen Systems die Wahrscheinlichkeit des politischen Erfolges von Bewegungen ebenso wie das Verhalten und die Einstellungen der politischen und gesellschaftlichen Eliten (z. B. die Spitzen von Verwaltungen, Gerichten), die typischerweise ein politisches System tragen. Drittens ist es für Bewegungen günstig, wenn sie auf Verbündete in eben diesen gesellschaftlichen Eliten setzen können. Und schließlich hängt das Schicksal der Bewegungen von den staatlichen Möglichkeiten ab, auf Repression zurückgreifen zu können. Das relativ offene politische System Deutschlands erlaubt es gerade auf der kommunalen Ebene auch kleinen Gruppen, politisch aktiv zu werden (Kiess et al. 2024). Die 5-Prozent-Hürde bei Wahlen hingegen macht es Herausforderern schwer, tatsächlich Einfluss zu gewinnen. Dass Teile der wirtschaftlichen, administrativen und politischen Eliten zumindest offen für antidemokratisches Gedankengut sind, wird an Personen wie Thilo Sarrazin, aber auch anhand der Unterstützung für die AfD beispielsweise in der Oberschicht deutlich (siehe die Debatte zur AfD-Wählerschaft, u.a. Lengfeld 2017; Schröder 2018). Inzwischen wird öffentlich breit diskutiert, inwiefern mit Hans-Georg Maaßen sogar ein ehemaliger Präsident des Bundesamtes für Verfassungsschutzes mehr als nur Sympathien für die extreme Rechte hat. Schließlich zeigte sich unter anderem während der Proteste gegen die staatlichen Corona-Maßnahmen sehr anschaulich, dass das Verhalten der Polizei und Ordnungsämter bei unübersichtlichen Einsatzlagen den Verlauf von Demonstrationen und der weiteren Mobilisierung beeinflussen.

Nicht zuletzt hängt die Mobilisierung auf der Straße neben den für soziale Bewegungen relevanten politischen Opportunitätsstrukturen (Zusammensetzung der Regierungskoalition, Charakteristika des politischen Systems, Medienlandschaft, usw.) auch davon ab, ob extrem rechte Parteien von ihr profitieren können (Castelli Gattinara/Pirro 2022) – und ob sie sich gegenseitig unterstützen. So können rechte Bewegungen über ihre disruptiven Aktionen und die Mobilisierung großer Menschenmengen zum Erfolg der geteilten Zielsetzungen beitragen (Amenta/Elliott 2017). Umgekehrt bieten extrem rechte Parteien wie oben bereits angedeutet bewegungsförmigen Akteuren Einflussmöglichkeiten, potenziell bis hin zu Karrierechancen im Parteiapparat oder sogar in der öffentlichen Verwaltung. Für Deutschland ist das Beispiel der (Nicht-)Kooperation zwischen AfD und *Pegida* (u.a. Korsch 2016) naheliegend und illustrativ: Die öffentlich angekündigten »Unvereinbarkeitsbeschlüsse«, die Frage, ob Parteimitglieder nicht doch mit *Pegida*-Protagonisten redeten, und dass Schlüsselfiguren wie Björn Höcke auch öffentlich bei den Aufmärschen in Dresden auftraten – diese öffentlich breitgetretenen Diskussionen sowie *Pegida* und AfD füreinander fungierten immer wieder als diskursive Gelegenheitsstrukturen (Nestler/Rohgalf 2014). Sie hielten sich gegenseitig im Gespräch, die

Skandale und die oft genug Klarheit vermissende Einordnung beider – als »rechtspopulistisch« statt extrem rechts und Sprachrohr der sprichwörtlich gewordenen »besorgten Bürger« – halfen auch anderen extrem rechten Akteuren etwa im Zuge der Demonstrationen gegen die Covid19-Maßnahmen (Teune 2021; Vieten 2020; Virchow/Häusler 2021). Aufgrund der (oberflächlichen) Abgrenzungsbemühungen der AfD zu (offen) neonazistischen Organisationen und Personen bleiben Teile der extremen Rechten in Deutschland zwar außen vor. Letztlich profitieren aber auch gewaltbereite Akteure von der Diskursverschiebung und Enthemmung, die AfD und Co. vorantreiben.

Verneurechtlichung der extremen Rechten?

Viertens stellt sich mit dem Aufstieg der AfD, dem Bedeutungsverlust der NPD und weiteren Verschiebungen die Frage nach einer »Verneurechtlichung« der Szene. Der Bedeutungsgewinn der sogenannten Neuen Rechten (siehe vor allem Weiß 2017) ist unter anderem verbunden mit dem Namen Götz Kubitschek, dem *Institut für Staatspolitik* sowie dem Publikationsorgan *Junge Freiheit*, auf aktivistischer Ebene vor allem mit der *Identitären Bewegung*. Allerdings ist die sogenannte Neue Rechte immer schon ein Aufguss alter Ideen gewesen. Stilprägend ist der Bezug auf die Zwischenkriegstradition der Konservativen Revolution und auf Denker wie Carl Schmitt, Ernst Jünger, Arthur Moeller van den Bruck usw. Intellektuell fallen heutige Publizisten wie Götz Kubitschek oder Benedikt Kaiser weit ab, aber sie popularisieren die von Alain de Benoist und Armin Mohler nach dem Zweiten Weltkrieg propagierten Konzepte und Ideen weiter: Die demokratische Republik wird als zu überwindendes Interregnum gedacht, die Strategien orientieren sich am Gramscianischen Konzept der Metapolitik. Man verfolgt eine behutsame Diskursverschiebung bei gleichzeitiger Zuspitzung aktueller Debatten. In diesem Buch werden wir zeigen, dass die *Freien Sachsen* durchaus eine Reihe neuer Agitations- und Organisationsstrategien erproben. Doch was genau ist daran neu?

Der Begriff »Neue Rechte« verweist – in der Eigendarstellung wie in der Außenwahrnehmung – auf eine Veränderung der extremen Rechten ab Mitte der 1960er Jahre (Langebach/Raabe 2016: 562). Entgegen der damals erfolgreichen NPD und weiteren revisionistisch-traditionellen Parteien und Vereinen gründeten sich neue Gesprächszirkel und Zeitschriftenprojekte mit meist jüngerer Besetzung und in jugendlicherem Stil (siehe auch Schönekäs 1990). Dabei ist thematisch keineswegs ein Neuanfang unternommen worden, allerdings orientierte sich die Neue Rechte deutlich stärker am bereits erwähnten Stichwort der Konservativen Revolution, also an Strömungen der 1920er und 1930er Jahre (Langebach/Raabe 2016: 564). Diese antidemokratischen Strömungen grenzten sich zwar teils vom Nationalsozialismus ab, teilten aber das Ziel der Aushöhlung und Abschaffung der Demokratie (Sontheimer 1978). So ist auch die Neue Rechte heute einerseits Scharnier zwischen klassischem Rechtsextremismus und Konservatismus (Gessenharter 1989), weil immer wieder (strategisch) Anknüpfungspunkte für bürgerlich-konservative Milieus geboten werden. Andererseits ist sie ohne Einschränkung Teil der extremen Rechten, der wohlüberlegten »Selbstverharmlosung« (Götz Kubitschek, zit. n. Stegemann/Musyal 2020: 225) zum Trotz. Wirklich »neu« ist an der Neuen Rechten jedenfalls im Jahr 2023 nicht viel, vor allem aber handelte es sich immer schon um einen Plural (Langebach/Raabe 2016: 581): auch die »neue« extreme Rechte ist heterogen.

Eine wichtige Rolle spielt(e) die Neue Rechte als intellektuelle Erneuerungsbewegung vor allem in Frankreich (vom Thinktank *GRECE*, über Alain de Benoists und die *Nouvelle Droite* bis zur hier gegründeten *Identitären Bewegung*), aber auch in Italien und bis nach Russland (z.B. Himmelreich 2017), wobei weitflächig deutsche Texte aus der Zwischenkriegszeit rezipiert werden. Verbindend ist auch international die Front gegen die Demokratie und »den Westen«: »Unsere Städte erinnern immer stärker an Los Angeles oder New York, nicht an Istanbul oder Tunis. Die größte Bedrohung unserer Identität ist keine andere Identität, sondern der politische Universalismus in allen seinen Formen, der die Volkskulturen und unterschiedlichen Lebensstile bedroht, und der sich anschickt, die Erde in einen homogenen Raum zu verwandeln.« (Alain de Benoist in einem NPD-Magazin, zit. n. Weiß 2017: 219) Mohler, einer der wichtigsten Bezugspunkte der Neuen Rechten, betrachtet die Konservative Revolution vor dem Hintergrund eines zyklischen Geschichtsbildes und seiner Wahrnehmung in einem Interregnum zu leben entsprechend als Erneuerungsbewegung (siehe Mohler 1990: 204, zit. n. Langebach/Raabe 2016: 574) nicht nur der extremen Rechten, sondern der Gesellschaft insgesamt. Und der russische Vordenker der Neuen Rechten, Alexander Dugin, schwadronierte 2014 in der extrem rechten *Zuerst!*: »Deutschland ist heute ein großer, politisch-intellektueller Gulag oder eine Art Konzentrationslager. Aber diesmal sind die Amerikaner die Lageraufseher.« (zit. n. Leggewie 2017: 79) Dugin hofft auf eine Rebellion in Deutschland und schließlich eine neue Weltordnung in der ein »freies Europa« sich mit Russland verbündet. Auf diese Hoffnung wird im Kontext der *Freien Sachsen* zurückzukommen sein.

Nach der Wiedervereinigung kam es dann auch in (Ost-)Deutschland zu einer (erneuten) Renaissance neurechten Denkens und einem Import insbesondere der Schriften der *Nouvelle Droite*. Seit einigen Jahren ist ausgehend vom *Institut für Staatspolitik*, der *Identitären Bewegung* und anderen Gruppen und Einzelpersonen des neurechten Spektrums ein »Übergang von der Theoriebildung und -vermittlung hin zu öffentlichkeitswirksamen Kleingruppenaktionen [zu beobachten], die in ihrer Art an den Situationismus und die Studierendenrevolte um 1968 anknüpfen« (Wölk 2017: 104). Infolge der politischen Krise um das Thema Migration 2015 trat, so Volker Weiß, die Neue Rechte dann »aus der Kulisse auf die große Bühne [...] und alle waren erstaunt« (Weiß 2017: 28). Die auch bei den Protesten gegen die staatlichen Maßnahmen zur Eindämmung der Corona-Pandemie verbindende Forderung lautet denkbar einfach »Widerstand« – populistisch in der Dichotomie des wahren Volkes gegen die da oben (J.-W. Müller 2016), aber durchaus grundsätzlich im Geiste der Konservativen Revolution auch gegen das als korrupt empfundene System und die westliche Moderne ganz allgemein. Strategisch ist die Neue Rechte klar als anti-systemisch und extremistisch einzustufen. In den Augen von Kubitschek muss »der Riss noch tiefer« werden (zit. in Stegemann/Musyal, 2020: 222), die Gesellschaft soll also gespalten werden, sodass im Zuge von Unruhen und Chaos der Systemsturz vollzogen werden kann. Jede Konfrontation »störe und verunsichere den Gegner, sei authentisch und trage zur Selbstvergewisserung bei. Dabei führe sie die Rechte aus der Defensive in die Offensive.« (Weiß 2017: 123)

Die wichtigste Qualitätsveränderung in den rechten Szenen der letzten 15 Jahre vollzog sich auf der sprachlichen und begrifflichen Ebene. Exemplarisch für den neuen sprachlichen Duktus steht Jürgen Elsässer, Chefredakteur des verschwörungsideologischen, extrem rechten *Compact*-Magazins. Dieser mahnte im Herbst 2015, dass man sich nicht provozieren lassen dürfe und die Sprache den Zwecken angemessen bleiben müsse.[9] Es gälte, die gesell-

9 Jürgen Elsässer auf der Compact-Konferenz am 24. 10. 2015 in Berlin. Vgl. u. a. https://www.youtube.com/watch?v=kvOoomV94zs&list=PLPY93jZMySl1mUqNaa9C_baKDqS1kKBiz&index=17&t=0s&pbjreload=10 (zuletzt abgerufen am 07. 02. 2024)

schaftliche Mitte zu erreichen. Mit einem positiven Bezug auf den historischen Nationalsozialismus oder einem biologisch begründeten Rassismus hingegen fehlt die Anschlussfähigkeit an Diskurse innerhalb der Bevölkerung. Inzwischen vermeiden praktisch alle führenden Kreise der extremen Rechten in der Öffentlichkeit eine allzu plumpe oder offene Verherrlichung des Nationalsozialismus. Der Kulturkampf hat den Kampf um die »Reinheit des Blutes« verdrängt. Es dominieren die Ideologeme des Ethnopluralismus (Bruns/Strobl 2020: 2045 ff.). Das äußere Feindbild, auf welches sich verschiedene Strömungen der extremen Rechten in Deutschland und auch in Europa einigen konnten, ist »der Islam«. Als innerer Feind in der Bundesrepublik wurde die politische Klasse als Ganzes (»das Establishment«, »die da oben«) sowie die angeblich von Linken dominierte Medienlandschaft (»Lügenpresse«) etabliert. Darüber hinaus ist das Thema »Migration und Zuwanderung« seit 2015 wieder in den Fokus gerückt. Felix Korsch resümiert diese Entwicklungen, wenn er schreibt: »In diesem Sinne wird der Kulturkampf von rechts in erster Linie als ein rassistisch motivierter Verdrängungswettbewerb gegen Migrant*innen geführt, der sich zeitgleich gegen weitere Feindbilder richtet, die genauso dem klassischen Inventar der extremen Rechten entnommen sind.« (Korsch 2016: 16) Der Kampfbegriff lautet »Remigration«, gemeint ist die millionenfache Deportation aller (angeblich) Nicht-Deutschen sowie aller sonstigen Missliebigen.

Neben den beschriebenen inhaltlichen Schärfungen konnten auch neue Demonstrations- und Aktionsformate den gesellschaftlichen Resonanzraum für extrem rechtes Denken im letzten Jahrzehnt erheblich ausweiten. Orientierung suchten extrem rechte Vordenker:innen dabei unter anderem an den Schriften von Antonio Gramsci, Guy Debord oder Lenin sowie an den Erfahrungen der Subversiven Aktion oder Kommunikationsguerilla als Angriff auf die Normalität. Sie lernten von ihren politischen Gegnern, wie durch symbolische Aktionen, Provokationen, die Kenntnis über die Reflexe im Medienzeitalter sowie die Nutzung sozialer Medien Aufmerksamkeit erregt und Öffentlichkeit hergestellt werden kann. So gelang es ihnen letztlich aus der Minderheitenposition heraus die eigene Agenda spektakulär in den Mehrheitsdiskurs zu rücken. (Stahl 2019)

Nichts entsteht im luftleeren Raum

Fünftens hatte der Aufstieg der AfD Vorläufer und beruht auf einem unterstützenden Umfeld. »Deutschland schafft sich ab« – der Titel eines Bestsellers des ehemaligen Bundesbankers und Ex-SPD-Mitglieds Thilo Sarrazin – schwirrt noch heute durch die extrem rechten Diskurse. Die von Umfrageinstituten und Medien prognostizierten 18 Prozent, die eine »Sarrazin-Partei« vor dem Hintergrund einer polarisiert geführten Integrationsdebatte erreichen könne,[10] waren quasi eine Aufforderung. Doch erst mit der Euro-Krise bot sich für eine Gruppe Rechtskonservativer und Nationalliberaler um Bernd Lucke die Gelegenheit, eine Partei rechts der CDU zu gründen. Allerdings blieb es nicht bei der um Seriosität bemühten »konservativen« Alternative zur Euro-Rettungspolitik. Die Geschichte der AfD ist vielmehr eine Geschichte der Radikalisierung: »Zu einer relevanten Größe herangewachsen ist die AfD ja nicht als Professorenpartei, sondern auf Demonstrationen und Großkundgebungen, auf dicht gedrängten Plätzen und in stickigen Hallen.« (Pittelkow/Riedel 2022: 104) Erst mit der Möglichkeit, Ängste, Wut und Aggressionen gegen »die Griechen« und später gegen »die Flüchtlinge« auszuagieren, konnte die Partei ihr prognostiziertes Potenzial entfalten. Bereits im Frühjahr 2013 stellte der extrem rechte Stichwortgeber Götz Kubitschek fest, »der Euro sei das ›feine Thema, das Türöffner-Thema, und unsere Themen kommen hinterdrein gepoltert, wenn wir nur rasch und konsequent den Fuß in die Tür stellen‹.« (zitiert in Fuchs/Middelhoff 2019: 52)

Eine ganze Reihe von Versuchen, das vorhandene rechte Einstellungspotenzial (Decker et al. 2010, 2022) in Stimmen und Mandate umzumünzen, war in den 1990er und 2000er Jahren im Sande verlaufen. So schafften die *Republikaner* zwar in Baden-Württemberg nach 10,9 Prozent im Jahr 1992 bei der folgenden Wahl 1996 mit 9,1 Prozent den Wiedereinzug in den Landtag. In Berlin allerdings gelang der Wiedereinzug 1990 nicht und inzwischen ist die Partei bundesweit weitgehend in Vergessenheit geraten. Die NPD konnte sich nach ihrem kurzzeitigen Hoch in den 1960er Jahren – sie saß zwischenzeitlich in den bundesdeutschen Landesparlamenten Baden-Württemberg, Bayern, Bremen, Hessen, Rheinland-Pfalz, Niedersachsen und Schleswig-Holstein – von der erfolglosen Bundestagswahl 1969 lange nicht erholen. Erst nach der Wiedervereinigung konnte sie vor allem in Mecklenburg-Vorpommern und Sachsen Fuß

10 https://www.faz.net/aktuell/politik/inland/meinungsforschung-umfrage-sieht-18-prozent-fuer-sarrazin-partei-11040003.html (zuletzt abgerufen am 10.01.2024).

fassen. Ihr offen zur Schau getragener Neonazismus sowie interne Querelen verhinderten aber bundesweite Erfolge. Inzwischen ist auch die NPD fast in der Bedeutungslosigkeit verschwunden und versucht sich mit der Umbenennung in *Die Heimat* ein neues Image zu geben (Kiess 2023). Auch weitere extrem rechte Projekte wie die *Partei Rechtsstaatlicher Offensive* besser bekannt als *Schill-Partei* (2000–2007) oder *Die Freiheit* (2010–2016) waren letztlich nicht erfolgreich, zeigten aber doch punktuell auf, dass ein Wähler:innenpotenzial für eine extrem rechte Partei durchaus immer und in allen Landesteilen vorhanden war.

Wie wir im nächsten Kapitel für die *Freien Sachsen* zeigen werden, ist auch die AfD nicht in einem luftleeren Raum entstanden. Vielmehr versuchten in den Jahren und Jahrzehnten zuvor eine Reihe von Einzelpersonen, Gruppen und Vereinen, das Feld für einen politischen Rechtsruck zu bereiten. Denn die AfD ist nicht aus einer Bewegung »besorgter Bürger« entstanden, sondern das Resultat der Zusammenarbeit eines gut organisierten Netzwerks marktradikaler Ökonomen und professioneller ultrakonservativer Initiativen – auch wenn die Partei Bewegungs- und Anti-Establishment-Strategien nutzt sowie vor allem außerhalb des Parlaments agiert (Schwörter 2019: 42). Zu den für den Entstehungshintergrund der AfD besonders relevanten Organisationen gehört der von Beatrix von Storch gegründete Verein *Zivile Koalition* (Kemper 2013). Dieser bündelt verschiedene erzkonservative Kampagnen und Aktivitäten und gilt als »politisch wirksamste christlich-fundamentalistische Kraft in der AfD« (Kemper 2016: 95). Neben der *Zivilen Koalition* gehören auch die Kleinstpartei *Bund Freier Bürger* (Hartleb 2013) und die unternehmernahe Lobbyorganisation *Bürgerkonvent e. V.* zu den rechtskonservativ-libertären Vorgängerorganisationen der AfD (Niedermayer 2014). Die Vorgängerparteien (*Schill-Partei, Die Freiheit*) sowie bestehende Netzwerke stellen so die politischen Erfolgsbedingungen dar, unter denen die AfD die »rechtspopulistische Lücke« einnehmen konnte (Häusler/Roeser 2015).

Sachsen als Versuchslabor der extremen Rechten

Schließlich gilt Sachsen seit Jahrzehnten als Schwerpunkt und Laboratorium der bundesweiten extremen Rechten (Bringt/Nattke 2010; Kleffner u. a. 2017; Köditz 2009; vgl. Backes und Kailitz 2020). Phänomene wie *Pegida*, die Ausschreitungen 2018 in Chemnitz, die hohe Zahl rechtsextremer Angriffe sowie die im Bundesvergleich sehr hohen Wahlergebnisse früher der NPD und heute der AfD rücken immer wieder die Frage nach den strukturellen Gründen (Spier 2007; Melcher 2018; Reuband 2019; Neumann 2020; Rippl und Seipel 2021), Netzwerken und Kontinuitäten (Steglich 2005; Kreter und Currle 2021) in den Mittelpunkt der Auseinandersetzung. Die Strukturen und Netzwerke der extremen Rechten selbst aber bleiben in der Forschung oft unterbelichtet, da Regionen übergreifende Daten schwer zu sammeln sind und die Arbeit auf punktuellen und (häufig) zeitlich begrenzten zivilgesellschaftlichen oder journalistischen Tätigkeiten beruht. Die Literatur konzentriert sich deshalb auf Parteienporträts und -vergleiche, Einstellungsuntersuchungen sowie Wahlanalysen. Zuletzt sind als Reaktion auf *Pegida* Arbeiten zu Protestbewegungen hinzugekommen (stellvertretend für eine Vielzahl von Veröffentlichungen Kiess 2015; Geiges et al. 2015; Volk 2021).

Festzuhalten ist: Neben Thüringen und Sachsen-Anhalt sind in Sachsen rechtsextremes Gedankengut und die Tendenz zur Wahl der AfD bundesweit am weitesten verbreitet (Decker et al. 2023). Ein Knotenpunkt neonazistischer Strukturen wie Chemnitz (Grunert/Kiess 2024), die über Jahre hinweg gebotenen Unterschlupfmöglichkeiten für das Terrortrio NSU in Zwickau und Chemnitz, die Normalisierung völkisch-nationalistischer Positionen in vielen Regionen und nicht zuletzt die hier besonders erfolgreichen Mobilisierungen gegen Asylsuchende seit 2013 und gegen die Maßnahmen zur Eindämmung der Corona-Pandemie ab 2020 sind nur einige bekannte Belege dafür. Der *Pegida*-Slogan »Dresden zeigt wie's geht« wird in der Szene gerne verwendet, werden damit doch Hoffnungen verbunden, hier die richtigen Rezepte für eine völkisch-nationalistische Wende gefunden zu haben. Diese Hoffnung, im Osten Hochburgen zu errichten, hatte die Neonazi-Szene schon in den 1980ern und 1990ern. Gezielt schickten sich neonazistische Kader an, in den Wirren der Nachwendejahren Strukturen aufzubauen und die in Teilen durchaus sehr empfängliche DDR-Jugend mit entsprechenden Angeboten abzuholen. Völkische Siedlungsprojekte wie die Initiative »Zusammenrücken« warben auch zuletzt mit dem geringeren Migrantenanteil in ländlichen, ostdeutschen Regionen (Dietze 2023). Der heutige *Freie-Sachsen*-Aktivist Michael Brück ist laut eigener Aussage mit einer ähnlichen Motivation aus Dortmund nach Chemnitz gezogen.

Fragestellung und Überblick

Aus den bis hierher skizzierten Vorüberlegungen leiten wir eine eher deskriptive und eine stärker analytische Leitfrage für dieses Buch ab: Was passiert im Feld der extremen Rechten neben oder im Schatten der AfD? Und: welche Gelegenheitsstrukturen ermöglichen bzw. verhindern extrem rechte Sammlungsbewegungen? Wir gehen diesen Fragen anhand des Beispiels *Freie Sachsen* nach. Dabei geht es uns nicht einfach um ein Porträt dieser Kleinstpartei, wenngleich wir eine Reihe von Charakteristika genau beschreiben und analysieren wollen. Vielmehr als um den Einzelfall geht es uns darum, ein möglicherweise typisches Modell zu rekonstruieren, wie sich die extreme Rechte derzeit neu strukturiert bzw. organisiert.

Dazu greifen wir zum einen auf Vorarbeiten und langjährige Aufzeichnungen, Rechercheergebnisse und Beobachtungen zurück, die die extreme Rechte in Sachsen im Allgemeinen betreffen und neonazistische Akteure im Besonderen.

Michael Nattke beschäftigt sich seit mehr als 20 Jahren mit der extremen Rechten in Ostdeutschland und hat als Fachreferent des Kulturbüro Sachsen e. V. die Szene seit 2009 genau beobachtet. Seit 2023 ist er Geschäftsführer des Kulturbüro Sachsen e. V. Die Beratungs-, Netzwerk- und Weiterbildungstätigkeit des Vereins basiert auf der Arbeit zahlreicher Mitarbeiter:innen. Mit seiner Mobilen Beratungsarbeit gegen Rechtsextremismus an fünf Bürostandorten in Sachsen ist der Verein insbesondere abseits der größeren Städte im Bundesland aktiv.

Johannes Kiess ist seit 2010 Mitautor bzw. Mitherausgeber der Leipziger Autoritarismus Studien. Seit 2011 forscht er in Leipzig unter anderem zur extremen Rechten. Zwischenzeitlich war er an der Universität Siegen beschäftigt sowie als Gastwissenschaftler im Ausland. Seit dem Herbst 2021 leitet Johannes Kiess außerdem am *Else-Frenkel-Brunswik-Institut* und in Kooperation mit der *Amadeu-Antonio-Stiftung* ein Forschungsprojekt, dass die extrem rechte und verschwörungsideologische Telegram-Szene in Sachsen dokumentiert und analysiert. Auch auf diese Arbeiten werden wir in diesem Buch ausführlich zurückgreifen, nicht zuletzt da die *Freien Sachsen* wie vielleicht keine andere Partei die Plattform Telegram für sich zu nutzen weiß.

Mit Einsetzen der Mobilisierungswelle gegen die staatlichen Maßnahmen zur Eindämmung der Covid-19-Pandemie 2020 haben wir uns zum anderen beide den extrem rechten Strukturen zugewandt, die von Beginn an in diese Mobilisierung eingebunden waren. Die Gründung der *Freien Sachsen* in diesem Umfeld war, so werden wir in den folgenden Kapiteln zeigen, eine Konsequenz der jahrelangen Entwicklungen in der Szene in Sachsen.

Im folgenden zweiten Kapitel stellen wir die (Vor-)Geschichte und das Personal der *Freien Sachsen* dar. Dazu greifen wir detailliert auf Recherchen und Beobachtungen der vergangenen Jahre zurück, die wir nicht zuletzt auch vielen Kolleg:innen zu verdanken haben. Herauszustellen ist auch, dass ohne die zahlreichen Veröffentlichungen meist ehrenamtlicher antifaschistischer Initiativen ein Großteil des Wissens heute nicht zur Verfügung stehen würde. Die Online- und Offline-Agitationsformen der *Freien Sachsen* sowie vor allem das Ineinandergreifen beider sind Gegenstand des dritten Kapitels. Hier können wir uns unter anderem auf das Telegram-Monitoringprojekt sowie auf die Beobachtungen von Demonstrationen, auf Redebeiträge (Video-Ansprachen und Reden bei Versammlungen) und sonstige Primärquellen (z. B. YouTube-Format »Sonntagsgespräche«) stützen. Im vierten Kapitel widmen wir uns der Ideologie und den Propagandainhalten der *Freien Sachsen* auf Basis ihrer eigenen Veröffentlichungen (u. a. Zeitschrift »Aufgewacht«, Telegram-Kanal, Website). Im fünften Kapitel diskutieren wir die Relevanz des Projekts *Freie Sachsen* für die Szene. Dabei gehen wir auch auf die überregionale Bedeutung ein und ordnen unsere Ergebnisse in die gegenwärtige Forschung ein.

Abbildung 2: Verschwörungsideologische Demonstration in Dresden am 18. 06. 2022 unter Beteiligung von zahlreichen Fahnen der *Freien Sachsen*. FOTO: VUE.CRITIQUE

2. Kontext und Entstehung der Freien Sachsen

Extrem Rechte Hegemoniebestrebungen in Sachsen

Bereits im vorherigen Kapitel haben wir darauf hingewiesen, dass Sachsen ein Schwerpunkt des Rechtsextremismus in Deutschland ist und Ostdeutschland beziehungsweise speziell Sachsen immer wieder als Laboratorium und bevorzugtes Aufmarschgebiet der extremen Rechten genutzt wird (Kleffner/Meisner 2017; Köditz 2009; vgl. Backes/Kailitz 2020). Die Entstehung der *Freien Sachsen* ist, so wollen wir im Folgenden aufzeigen, nicht zu verstehen, ohne ein Grundverständnis der Geschichte der extremen Rechten in Sachsen seit dem Ende der DDR. Die Forschung, aber auch die politische Debatte steht immer wieder vor der Herausforderung, regionale Hintergründe ernst zu nehmen (Dunin-Wąsowicz/Gartzou-Katsouyanni 2023) und gleichzeitig die überregionalen oder internationalen Netzwerke und Gemeinsamkeiten nicht aus dem Blick zu verlieren. So ist der Rechtsextremismus[11] mitnichten nur ein ostdeutsches Problem. Inwiefern der sächsische Fall auch für andere Regionen und die *Freien Sachsen* für andere Akteure ein Vorbild sein könnten, diskutieren wir in Kapitel 5. Zunächst wollen wir aber die »sächsischen Zustände«[12] vorstellen, in deren Kontext die *Freien Sachsen* gegründet wurden.

11 Wir verwenden hier den sozialwissenschaftlichen Begriff des Rechtsextremismus und meinen damit ein über die Akteure, Aktionen und Organisationsformen hinausgehendes Phänomen, das auch politische Einstellungen und allgemein die politische Kultur umfasst.

12 Wir beschränken uns hier auf die extreme Rechte und sparen umfassendere historische und insbesondere sozioökonomische sowie arbeits- und wirtschaftspolitische (dazu Kiess 2020; Schmidt/Bose 2023) Zusammenhänge aus. Der Begriff »sächsische Zustände« wurde übrigens zuerst von dem Schriftsteller und Vormärz-Teilnehmer Friedrich Herman Semmig genutzt, der seine zeitgenössischen Beobachtungen der sächsischen Politik so betitelte (Semmig 1846).

Wie in allen ostdeutschen Bundesländern existierte in Sachsen bereits ab 1990 ein massives Problem mit rechtsmotivierter und rassistischer Gewalt. Rassismus war bereits in der DDR weit verbreitet (Krüger-Potratz et al. 1991; Waibel 1996). Nach der Wende aber entwickelte sich der Rechtsextremismus zu einer Dominanzkultur unter Jugendlichen und jungen Erwachsenen. Die Liste entsprechender Ereignisse ist lang und wir beschränken uns deshalb auf einzelne Beispiele. Bereits im Herbst 1990 zogen Neonazis aus dem gesamten Bundesgebiet durch die sächsische Landeshauptstadt Dresden und skandierten Sprechchöre wie »Heute gehört uns Deutschland und morgen die ganze Welt« oder »Ausländer raus«. Schon damals nannte der Neonazi-Führer Michael Kühnen Dresden die »Hauptstadt der Bewegung«.[13] Kühnen galt seit den 1980er Jahren in Westdeutschland als einer der wichtigsten Köpfe einer militanten, neonationalsozialistischen Szene, die sich in unterschiedlichen Organisations- und Aktionsformen entwickelte. Er und andere hatten den Osten Deutschlands schnell als Rekrutierungsgebiet entdeckt und versuchten nun verschiedentlich Einfluss auszuüben (Wagner 1994: 26 f.). Anlässlich der Beerdigung des Dresdner Neonazis Rainer Sonntag marschierte 1991 wieder eine vierstellige Zahl von Neonazis aus dem gesamten Bundesgebiet durch die Stadt und skandierte dabei unter anderem mehrfach »Siegheil« und »Deutschland den Deutschen, Ausländer raus«.

Es blieb allerdings keineswegs bei Demonstrationen, tödliche Gewalt war von Beginn an Teil der neonazistischen Mobilisierung. Im April 1991 wurde der mosambikanische Gastarbeiter Jorge João Gomondai von Neonazis in Dresden aus einer fahrenden Straßenbahn geworfen und verstarb an den Folgen seiner Verletzungen. Im September 1991 überfielen Hunderte Neonazis eine Unterkunft ehemaliger Vertragsarbeiter im ostsächsischen Hoyerswerda, warfen Steine und Molotowcocktails, angefeuert und beklatscht von Anwohner:innen. Bei den rassistischen Ausschreitungen in Hoyerswerda wurden mindestens 32 Personen verletzt. Die Vertragsarbeiter wurden nach tagelangen Ausschreitungen von der Polizei aus der Stadt gebracht.[14] Mit diesen und vielen anderen Aktionen markierten Neonazis ihre Dominanz und läuteten ein, was erst 20 Jahre später unter der Überschrift »Baseballschlägerjahre« in Teilen aufgearbeitet werden sollte (Krampitz et al. 2011; vgl. Borges/Wiest 2021).

13 Vgl. u.a. taz. die tageszeitung vom 14.05.1991, 12–13.
14 Vgl. u.a. ausführlich zu den Ereignissen in Hoyerswerda die Online-Dokumentation »Hoyerswerda 1991« unter: https://www.hoyerswerda-1991.de/start.html (zuletzt aufgerufen am 06.01.2024).

Die Brutalität, mit welcher der Rechtsextremismus in Ostdeutschland in Erscheinung trat, ist dabei nur die eine Seite der Medaille. Die andere Seite ist die Reaktion des Staates und der politischen Öffentlichkeit. Um bei den aufgeführten Beispielen zu bleiben: Der Haupttäter des Angriffs auf Jorge Gomondai wurde zu einer Freiheitsstrafe von zwei Jahren und sechs Monaten verurteilt. Seine Mittäter bekamen Bewährungsstrafen. Im Nachgang der »Siegheil«-Rufe und dem Zeigen des Hitlergrußes durch mehrere Hundert Demonstrationsteilnehmer des Trauerzuges für Rainer Sonntag gab es keine Verurteilungen. Es ist nicht bekannt, ob die Staatsanwaltschaft überhaupt Ermittlungsverfahren einleitete. Von den 82 Personen, die während der mehrtägigen rassistischen Ausschreitungen von Hoyerswerda vorübergehend in Gewahrsam genommen wurden, sind letztlich nur vier zu Bewährungsstrafen verurteilt worden. Eine gesellschaftliche Auseinandersetzung mit der Thematik blieb außerhalb antifaschistischer Initiativen aus. Über das Bundesfamilienministerium wurde in den 1990er Jahren zwar das »Aktionsprogramm gegen Aggression und Gewalt« für die neuen Bundesländer aufgelegt. Im Rahmen dieses Programms wurde der sozialpädagogische Ansatz der akzeptierenden Jugendsozialarbeit in vielen ostdeutschen Städten umgesetzt. Heute wissen wir allerdings, dass die Umsetzung dieses Ansatzes in dieser Form an vielen Orten zu einem Empowerment für die extrem rechten Strukturen in Ostdeutschland führte (Butterwegge 2002: 144). Insbesondere für einzelne sächsische Regionen liegen Berichte vor, wonach rechte Jugendliche in dieser Zeit in Jugendclubs dominierten und nicht-rechte Jugendliche entweder verdrängt wurden oder sich den politisch rechts organisierten jungen Menschen anschlossen. Dabei entwickelten sich die Jugendclubs teilweise zu Zentren extrem rechter Kaderbildung (Bendiek/Starosta 2022).

Noch im Jahr 2000 prägte der langjährige sächsische Ministerpräsident Kurt Biedenkopf (CDU) den viel zitierten Satz, dass die Sachsen »immun« gegen rechtsextreme Versuchungen seien (Meisner 2017). Zu diesem Zeitpunkt war die Zahl der Todesopfer rechter Gewalt in Sachsen bereits deutlich gestiegen, die NPD hatte den Sitz ihres logistischen Zentrums, des Verlags *Deutsche Stimme*, ins sächsische Riesa verlegt, mit *Blood & Honour* und den *Hammerskins* existierte eine stabile rechtsextreme Subkultur und die Rechtsterrorist:innen des *Nationalsozialistischen Untergrund* (NSU) hatten mithilfe zahlreicher sächsischer Neonazis ihre Basis zunächst in Chemnitz, dann in Zwickau errichtet. Der Ausspruch Biedenkopfs ist symptomatisch für den Umgang mit extrem rechten Strukturen im Bundesland Sachsen in den 1990er und zu Beginn der 2000er Jahre. Und ebenjene fehlende gesellschaftliche, staatliche und politische Auseinandersetzung mit dem Rechtsextremismus in Sachsen führte dazu, dass dieser sich besser und ungestörter ausbreiten konnte, als in anderen Regionen der Bundesrepublik. Bis heute ist der Umgang mit extrem rechter Gewalt und (lokalen) Akteuren immer wieder durch Relativieren und Wegschauen geprägt (Gittner et al. 2022).

In Fortsetzung der Baseballschlägerjahre war die NPD – wie wir bereits in Kapitel 1 angeführt haben – ab Ende der 1990er Jahre die erste extrem rechte Partei, die in der Lage war, das offenkundig vorhandene Potenzial in Sachsen an den Wahlurnen abzuschöpfen. Mit der Ansiedlung des Verlags *Deutsche Stimme* in Riesa folgte prominentes Personal der Partei und dieses versuchte, das Bundesland Sachsen zu einem Musterland neonazistischer Strukturen auszubauen (Bringt/Nattke 2010). Vor allem schaffte es die NPD dabei, verschiedene extrem rechte Gruppen und Akteure unter ihrem Dach zu vereinigen und eine strukturelle Einheit aufzubauen, die zeitweise in allen sächsischen Landkreisen und kreisfreien Städten über eigene Verbände verfügte. Bei den Kommunalwahlen 2004 zog die Partei in zahlreiche Kommunalparlamente ein und erhielt bei den Landtagswahlen im selben Jahr 9,2 Prozent der Stimmen. Wahlerfolge und Raumnahme auf der Straße sollten dabei entsprechend der Vier-Säulen-Strategie – Kampf um die Köpfe, die Straße, die Parlamente und die Führung in der Szene (Ruf/Sundermeyer 2009, Schulze 2009; Kiess 2023) – ineinandergreifen: Zum jährlich wiederkehrenden neonazistischen Trauermarsch anlässlich der Bombardierung Dresdens im Zweiten Weltkrieg, zu dem in diesem Zeitraum auch die NPD aufgerufen hatte, demonstrierten bis zu 5000 Teilnehmende aus ganz Europa auf Dresdens Straßen. Über die Logistik ihrer Landtagsfraktion und des Mitarbeiterstabes kamen in Sachsen zahlreiche Neonazis für ihre politische Arbeit in Lohn und Brot. Dabei war die NPD in den ersten Jahren ihrer Landtagszugehörigkeit temporär dazu in der Lage, das gesamte extrem rechte Spektrum über Kameradschaftsszenen, Subkultur und Funktionärsebene unter ihrem Dach zu vereinen. So trug die NPD über viele Jahre dazu bei, über Tabubrüche, Diskursverschiebungen und die Beeinflussung der politischen Themensetzungen eine öffentliche Wahrnehmbarkeit extrem rechter Positionen in Sachsen zu etablieren.

Im Jahr 2009 schaffte die NPD zum ersten Mal in ihrer Geschichte den Wiedereinzug in ein Landesparlament. Sie sicherte sich damit eine über zehnjährige Fraktionsstärke im sächsischen Landtag. Neben und mit der NPD entstanden in einzelnen Regionen Sachsens extrem rechte Hotspots, die sich über die Jahre verfestigten. Beispielhaft zu nennen sind hierbei die Regionen Bautzen, Chemnitz, Dresden, das Erzgebirge, die Sächsische Schweiz, Plauen und Wurzen. Strategisch überlegt bündelte und organisierte die NPD vorhandenes extrem rechtes Potenzial und gewachsene Strukturen über einen gewissen Zeitraum und baute sie dabei aus. Die Selbstenttarnung des NSU und seiner Taten im November 2011 legte vor diesem Hintergrund nur ein weiteres neonazistisches Netzwerk in Sachsen offen, das sich über viele Jahre hinweg außerhalb des Blickfeldes der Öffentlichkeit entwickeln und etablieren konnte. Zahlreiche Neonazis aus Sachsen hatten den NSU über viele Jahre unterstützt und seine mörderischen Taten erst ermöglicht (Kulturbüro Sachsen 2017). Zu den weiteren – inzwischen verbotenen bzw. als kriminell eingestuften – Netzwerken und Kameradschaften zählten die *Skinheads Sächsische Schweiz*, *Sturm 34* und die zahlreichen Kameradschaften, etwa die *Freie Kameradschaft Dresden*.

Der NPD ist es allerdings in diesen zehn Jahren kaum gelungen, auch über das eigene Milieu hinaus zu mobilisieren. Der Niedergang der NPD in den darauffolgenden Jahren war nicht etwa einer intensiven gesellschaftlichen Auseinandersetzung oder dem konsequenten Handeln des Staates gegen rechtsextreme Strukturen geschuldet, sondern lag vor allem in einer Reihe größerer Skandale von Mandatsträger:innen der Partei[15] selbst sowie innerparteilichen Konflikten begründet. Bei den Landtagswahlen 2014 scheiterte die NPD knapp mit 4,9 Prozent. Gleichzeitig zog aber erstmals die AfD mit einem Ergebnis von 9,7 Prozent in den Landtag ein. Mit Frauke Petry, die auch Fraktionschefin der AfD-Landtagsfraktion wurde, stand seit 2013 bis 2017 eine Person aus Sachsen an der Bundesspitze dieser Partei, von 2015 bis 2017 als Parteivorsitzende. Der sächsische Landesverband gehörte von Beginn an zu den stärksten AfD-Landesverbänden. Mit Tino Chrupalla steht seit 2019 erneut ein Sachse an der AfD-Bundesspitze. Der Erfolg der AfD als parteipolitischer Arm der extremen Rechten ist in Sachsen eng verbunden mit *Pegida*. Mit der

15 Zu diesen Skandalen gehört, dass auf den Rechnern verschiedener Landtagsabgeordneter zu verschiedenen Zeitpunkten kinderpornografisches Material gefunden worden sein soll. Der Fraktionschef soll zudem einen jüngeren Parteikameraden sexuell belästigt haben. Dem Landesvorsitzenden wiederum wurde zum Vorwurf gemacht, dass er häusliche Gewalt gegen seine Partnerin angewendet haben soll. Darüber hinaus gab es weitere Vorwürfe gegen einzelne Funktionsträger der sächsischen NPD.

völkisch-rassistischen Demonstrationsbewegung wurde ein neues Kapitel extrem rechter Mobilisierung aufgeschlagen. Zum Jahreswechsel 2014/15 folgten wöchentlich bis zu 20 000 Menschen den Aufrufen von *Pegida*. Unter ihnen waren von Beginn an auch zahlreiche organisierte extrem rechte Akteure, die wichtigsten Personen von NPD und Kameradschaftsszene aus Sachsen und angrenzenden Bundesländern sowie rechte Hooligans, aber eben auch Personenkreise, die vorher nicht durch extrem rechte Gruppen mobilisierbar waren. Damit marschierten erstmals verschiedene Milieus und völkisch-nationalistische Schattierungen gemeinsam (Kiess 2015). Heitmeyer et. al. bezeichnen die AfD nun als Kernelement eines Milieus des autoritären Nationalradikalismus (Heitmeyer et al. 2020), in Kapitel 1 haben wir ihre Rolle als »Rahmenpartei« (Rippl/Seipel 2022: 65) bereits beschrieben.

In Dresden konnten sich die *Pegida*-Demonstrationen über Jahre hinweg festsetzen und sie radikalisierten sich zunehmend. In vielen Städten und Gemeinden in Sachsen und darüber hinaus wurde versucht, die wöchentlichen Demonstrationen zu kopieren und Ableger zu gründen. Dies gelang an den meisten Orten nur kurzzeitig und in überschaubaren Maßen. Gleichwohl sammelten viele derjenigen, die auch heute auf verschiedenen Demonstrationen der *Freien Sachsen* und anderer extrem rechter Gruppen zu finden sind, genau hier ihre ersten eigenen Erfahrungen in der Organisation und Durchführung politischer Versammlungen in ihren Orten. Darunter waren viele, die vorher keiner extrem rechten Szene zugeordnet werden konnten. Unabhängig von den einzelnen Mobilisierungen hatte es *Pegida* geschafft, jenen Teil der deutschen Gesellschaft zu aktivieren, der in den Jahren davor in unterschiedlichen wissenschaftlichen Studien mit antidemokratischen und rassistischen Einstellungen aufgefallen war (u. a. Decker et al. 2010; Heitmeyer 2011). Aus diesem rechtsoffenen bis extrem rechten Potenzial von – je nach Fragestellung – 10 bis 50 Prozent waren mit *Pegida* nun politisch organisierte Menschen geworden, die auf der Straße demonstrieren, sich bei Wahlen für die extreme Rechte entscheiden und in den sozialen Medien ihre rassistischen Positionen offen zur Schau stellen (Fehser 2017). Das Erleben von Gemeinschaft und Aufbruch sowie nicht zuletzt die mediale Aufmerksamkeit beflügelte die bis dahin politisch Inaktiven immer wieder aufs Neue, sich lautstark und selbstbewusst bemerkbar zu machen. Als Redner:innen sind bei *Pegida* über die Jahre alle Personen aufgetreten, die innerhalb der extremen Rechten im deutschsprachigen Raum und insbesondere der ostdeutschen AfD Bedeutung haben. Zu nennen sind unter anderem Björn Höcke, Andreas Kalbitz, Jörg Urban, Hans-Thomas Tillschneider, Hans-Christoph Berndt (alle AfD), Götz Kubitschek (*Institut für Staatspolitik*) und Jürgen Elsässer (*Compact*-Magazin) sowie als internationale Redner zum Beispiel Heinz-Christian Strache (FPÖ, Österreich) und Martin Sellner (*Identitäre Bewegung*, Österreich).

Infolge der aufgeheizten rassistischen Stimmung stiegen die rechtsmotivierten Angriffe in den Jahren 2015/16 enorm an.[16] Immer wieder kam es in Sachsen auch zu größeren rechten Ausschreitungen, wie in Bautzen, Claußnitz, Heidenau oder Freital. Mit diesen Ausschreitungen und den darauffolgenden gesellschaftlichen Debatten änderte sich in diesen Jahren sukzessive auch der Umgang mit Rechtsextremismus auf staatlicher Ebene. Die Landesregierung erkannte Rechtsextremismus als Problem an, verstärkte behördliche Maßnahmen dagegen und stattete zivilgesellschaftliche Programme besser aus. Gleichwohl konnte das allein den Aufstieg der extremen Rechten nicht stoppen: Bei den Landtagswahlen 2019 erreichte die AfD in Sachsen 27,5 Prozent der gültigen Stimmen und wurde damit zur zweitstärksten Partei im sächsischen Landtag nur knapp hinter der CDU. Allerdings konnten organisierte Neonazis, die der AfD seit den 1990er Jahren den Boden bereitet hatten, nicht direkt von diesem Aufstieg profitieren. Als Aktivist einer Neonazi-Kameradschaft, als bekennende Reichsbürgerin oder als NPD-Funktionär war es nicht ohne Weiteres möglich, in der AfD Karriere zu machen. Vielmehr war es für die AfD bisher immer strategisch im Sinne der »Selbstverharmlosung« naheliegend, sich von klassischen Neonazis und rechtsterroristischer Gewalt abzugrenzen.

Neben *Pegida* und der AfD sahen sich NPD, ehemalige Kameradschaftsstrukturen und andere neonazistische Gruppen in der Folge in die Bedeutungslosigkeit abrutschen. In dieser Entwicklung ist eine der Ursachen für die Neuformierung der extrem rechten Szenen, jenseits der AfD, zu finden. Die Corona-Pandemie und die staatlichen Maßnahmen zu ihrer Eindämmung boten dann eine neue Gelegenheit, aus verschiedenen Motivationen heraus gegen den Staat und seine Maßnahmen zu demonstrieren. In Sachsen (aber nicht nur hier, siehe Teune 2021, Vieten 2020, Virchow/Häusler 2021) wurden diese Demonstrationen von Beginn besonders stark von extrem rechten Aktivist:innen durchsetzt, teilweise auch organisiert und getragen. Mit der Gründung der *Freien Sachsen* im Februar 2021 ver-

16 Vgl. u. a. Rechtsmotivierte und rassistische Gewalt in Sachsen 2015 und 2016, Statistiken der Beratungsstellen für Betroffene rechter Gewalt der RAA Sachsen e. V.

stärkte sich der Einfluss extrem rechter Akteure auf diese Demonstrationen noch einmal deutlich. Neben dieser ganz allgemeinen Einbettung der *Freien Sachsen* in die Entwicklung des Rechtsextremismus im Bundesland gibt es zwei konkrete Organisationen, die sich als Vorgänger der Partei bezeichnen lassen und auf die wir deshalb im folgenden Abschnitt gesondert eingehen wollen. Das ist zum einen die Wählervereinigung *Pro Chemnitz* um Martin Kohlmann und Robert Andres und zum anderen der Verein *Freigeist* aus dem Erzgebirge um Stefan Hartung und Jens Döbel.

Die Vorläuferorganisationen der *Freien Sachsen*

Im Jahr 2009 gründete Martin Kohlmann gemeinsam mit dem ehemaligen CDU-Mitglied Reinhold Breede aus Chemnitz die Bürgerbewegung *Pro Chemnitz*. Die lokale Wählervereinigung trat in den Anfangsjahren eher als gemäßigtere Gruppe innerhalb der extremen Rechten auf. Die AfD existierte noch nicht und *Pro Chemnitz* erweckte zu diesem Zeitpunkt den Anschein, sich als eine rechte Wahloption zwischen der CDU und der NPD positionieren zu wollen. Während die CDU unter Angela Merkel auf Bundesebene eine programmatische Modernisierung durchlief, blieb die NPD bei ihrer eindeutig neonazistischen Ausrichtung. Kohlmann und andere postulierten hier bereits vor der AfD-Gründung eine politische Repräsentationslücke, die sie auf lokaler Ebene auszufüllen versuchten. Durch seine langjährige Ratsmitgliedschaft für die extrem rechten *Republikaner* verfügte Kohlmann sowohl über eine gewisse politische Bekanntheit in der Stadt Chemnitz als auch über Erfahrungen in der kommunalpolitischen Arbeit. Auch im Stadtrat positionierte sich *Pro Chemnitz* in den Anfangsjahren populistisch und am rechten politischen Rand, jedoch ohne eine grundsätzliche Überwindung des demokratischen politischen Systems einzufordern. Seinen juristischen Hintergrund nutzend trat Kohlmann in dieser Zeit vor allem durch Klagen gegen die damalige Oberbürgermeisterin und die Stadtverwaltung öffentlichkeitswirksam in Erscheinung.

Am 12. Oktober 2013 begrüßte Kohlmann als Fraktionschef der Stadtratsfraktion von *Pro Chemnitz* dann »im Namen und für die Bürgerinitiative Ebersdorf«, die mit rassistischen Positionen gegen eine Unterkunft für Geflüchtete mobilmachte, eine Demonstration im Chemnitzer Stadtteil Ebersdorf. Kohlmann forderte in seiner Rede die Schließung der Asylunterkunft und die Beteiligung an sogenannten Bürgerstreifen im Stadtteil, um die angeblich verloren gegangene Sicherheit wiederherzustellen. Während Kohlmann aufgrund seines politischen Werdegangs schon zuvor eindeutig der extremen Rechten zuzurechnen war, radikalisierte sich *Pro Chemnitz* mit den Aktivitäten in Chemnitz-Ebersdorf das erste Mal eindeutiger. Im Jahr 2014 trat zudem Robert Andres erstmals für *Pro Chemnitz* zu einer Wahl an. Wie wir im nächsten Abschnitt noch zeigen werden, ist Andres zweifelsfrei der neonazistischen Szene zuzuordnen. Und neben ihm waren auf den Listen von *Pro Chemnitz* weitere Kandidat:innen zu finden, die aus der extremen Rechten stammten.

So vollzog *Pro Chemnitz* in den Jahren 2013/14 sowohl auf personeller als auch auf der Ebene ihrer Aktionsformen einen offenen Schulterschluss mit anderen Akteuren der extremen Rechten und entwickelte sich im Folgenden sukzessive zu einer wichtigen kommunalen Organisation der extremen Rechten. Mit dem Aufkommen des *Pegida*-Ablegers *Pegida Chemnitz-Erzgebirge* wurden gegenseitige Sympathien zwischen *Pro Chemnitz* und der Demonstrationsbewegung deutlich. Im Oktober 2015 posierte Martin Kohlmann auf der Facebook-Seite von *Pro Chemnitz* gemeinsam mit Jens Döbel. Dieser hatte zuvor auf einer *Pegida*-Demonstration einen Miniatur-Galgen getragen, der laut daran hängender Aufschriften für Bundeskanzlerin Angela Merkel und den damaligen SPD-Vorsitzenden Sigmar Gabriel reserviert war. Der Facebook-Post von *Pro Chemnitz* trug die Bildunterschrift »Der Galgenträger von *Pegida*«. *Pro Chemnitz* bezeichnet den Galgenbauer Döbel in den sozialen Medien als »mutigen Bürger«. Kohlmann trat zudem im Rahmen verschiedener Gerichtsprozesse als Rechtsanwalt von Döbel in Erscheinung. Mit diesem und weiteren Posts wurde seitdem immer wieder seine Tätigkeit als Anwalt über die Social-Media-Kanäle von *Pro Chemnitz* in die Öffentlichkeit gebracht.

Befeuert vom Selbstbewusstsein von *Pegida* und deren Anhänger:innen trat auch *Pro Chemnitz* seit dieser Zeit deutlich radikaler in der Öffentlichkeit auf. Einen Höhepunkt stellten dabei die Geschehnisse im Spätsommer 2018 in Chemnitz dar. Nach dem gewaltsamen Tod eines jungen Mannes kam es in der Stadt zu rassistischen Demonstrationen und einem deutlichen Anstieg rechtsmotivierter Gewaltstraftaten. Dabei fungierte Kohlmann als Anmelder und Redner bei verschiedenen Aufmärschen. Über die Kanäle von *Pro Chemnitz* wurden diverse Demonstrationen beworben oder es wurde darüber berichtet. Für Schlagzeilen sorgte beispielsweise die Veröffentlichung eines Haftbefehls gegen einen irakischen Tatverdächtigen, der von einem Justizbeamten weitergegeben wurde und unter anderem auf den Seiten von *Pro Chemnitz* gezeigt wurde. Was in Chemnitz 2018 gelang, war die temporäre Umsetzung einer rechten Bewegungsidee: Am Abend des 27. August 2018 marschierten nach einem Aufruf szeneübergreifend Aktivist:innen und Sympathisant:innen der extremen Rechten gemeinsam auf. Nach einer Rede von Kohlmann am Karl-Marx-Monument zogen Anhänger:innen der NPD, der Parteien *Die Rechte* und *Der III. Weg*, der völkischen Siedlerbewegung, rechter Hooligangruppen und von *Pegida* geschlossen durch die Chemnitzer Innenstadt. *Pro Chemnitz* agierte dabei als zentraler Akteur, der diesen Möglichkeitsraum in der Stadt geschaffen hatte. Am darauffolgenden Samstag, dem 1. September 2018, schloss sich einer Demonstration von Björn Höcke und der AfD in der Stadt wiederum das gesamte extrem rechte Spektrum an. Ein Aufzug von *Pro Chemnitz* vereinigte sich mit dem Hauptzug der AfD. Die Bilder aus Chemnitz sorgten international für Beachtung und es war von einem »Fanal« der extremen Rechten zu lesen.

Spätestens diese Ereignisse zeigten, dass *Pro Chemnitz* dazu in der Lage war, weit über die Stadtgrenzen hinaus zu wirken. Wir sehen diese Wählervereinigung deshalb hinsichtlich des Versuchs, ein neues Bewegungsdach für die verschiedenen extrem rechten Gruppierungen zu bilden, als Initialpunkt der späteren *Freien Sachsen*. Was die *Freien Sachsen* darüber hinaus von *Pro Chemnitz* mitnahmen, ist die Schwerpunktsetzung auf die Kommunalpolitik. Kohlmann hat mit der Wählervereinigung *Pro Chemnitz* seine Popularität schrittweise über die Arbeit in kommunalpolitischen Gremien und durch die Thematisierung kommunaler politischer Themen aufgebaut. Die besondere Bedeutung der Kommunalpolitik zur Erreichung gesellschaftlicher Gruppen spielt wie bei *Pro Chemnitz* auch bei den *Freien Sachsen* eine wichtige Rolle (siehe Kapitel 3).

Eine zweite Vorläuferorganisation der *Freien Sachsen* entstand etwas südlich von Chemnitz im Erzgebirge in Form des *Freigeist e. V.* Stefan Hartung erzielte als regionaler NPD-Kader mit seinen sogenannten Lichtelläufen in Schneeberg gegen eine Erstaufnahmeeinrichtung für Asylbewerber im Jahr 2013 große Mobilisierungserfolge. Noch bevor *Pegida* gegründet wurde, gelang es dem bodenständig auftretenden Hartung bei diesen Demonstrationen, dass sich eine vierstellige Zahl von Menschen einem rassistischen Aufmarsch anschlossen. Unter ihnen waren organisierte Neonazis, aber auch zahlreiche Bürger:innen aus der Region, die bis dato noch nicht durch rechte Aktivitäten aufgefallen waren. Zu dieser Zeit galt eine solche Demonstration noch als Novum. Ähnlich wie der regionale *Pegida*-Ableger *Erzgida*, ist der im März 2016 gegründete *Freigeist e. V.* ein direkter Nachfolger der Kampagne »Schneeberg wehrt sich«. Der Zweck des in Schwarzenberg ansässigen Vereins war laut Homepage die Wahrung der politischen und sozialen Interessen der Bevölkerung im Erzgebirge sowie ihrer kulturellen Identität, die Entwicklung basisdemokratischer zivilgesellschaftlicher Strukturen und eine gemeinschaftliche Mitwirkung in Form von freigeistiger und undogmatischer Willensbildung.

Als weiterer Kopf des Vereins fungierte neben Stefan Hartung der bereits erwähnte Jens Döbel, der bei verschiedenen Demonstrationen durch den Miniatur-Galgen in Erscheinung trat. Später vertrieb Döbel über ein Ladengeschäft Mini-Galgen an denen verschiedene Politiker symbolisch aufgehangen waren. Zum Umfeld des Vereins bzw. zu den Redner:innen auf ihren Veranstaltungen gehörten Reichsbürger:innen, AfD-nahe Politiker:innen, NPD-Politiker:innen und deren Mitarbeiter:innen. Interessant mit Blick auf die *Freien Sachsen* ist dabei, dass Hartung hier bereits auf regionaler Ebene den Versuch unternahm, mit dem *Freigeist e. V.* ein Dach zu bieten, unter dem sich verschiedene Strömungen der extremen Rechten versammeln konnten. Ähnlich wie bei den *Freien Sachsen* war auch bei *Freigeist e. V.* in öffentlichen Auftritten der Ruf nach »Volksentscheiden« immer wieder sehr laut zu vernehmen. Dies entspricht einer langjährigen rechten Strategie, sich so darzustellen, als wolle man demokratische Rechte ausbauen. Dahinter steht jedoch das Ziel, Minderheitenrechte zu untergraben.

Ging der Verein auf die Initiative »Schneeberg wehrt sich« zurück, so waren auch hier die Organisation und Teilnahme an Demonstrationen ein zentrales Aktionsfeld. Neben selbst organisierten Demonstrationen nahmen Mitglieder des *Freigeist e. V.* auch an anderen Kundgebungen teil, darunter die Aufmärsche und Kundgebungen in Chemnitz im August 2018. Stefan Hartung hielt immer wieder Reden, darunter auch auf dem Aufmarsch »Deutsch und stolz drauf!«, der am 18. August 2018 in Chemnitz stattfand, nur zehn Tage vor den rassistischen Ausschreitungen in der Stadt. Wie bei anderen sozialen Bewegungen auch hatten die Demonstrationen nicht nur eine interne Wirkung – das Erleben von Gemeinschaft und das Gefühl, etwas zu tun, statt nur zu reden –, sondern transportierten auch rassistische Positionen in die Öffentlichkeit und boten obendrein Gelegenheiten zur Vernetzung mit anderen Gruppen und zur Gewinnung neuer Mitglieder. Der Vernetzungsaspekt spielte auch bei Veranstaltungen wie diversen Vortragsabenden oder dem »Freigeistigen Sommerabend«, dem Sommerfest des Vereins, eine bedeutende Rolle. Bei dieser Veranstaltung waren neben dem rechten Liedermacher Frank Rennicke auch Redner:innen der AfD, der NPD (Mario Löffler) und des Frauenbündnisses aus Kandel eingeladen. Während oder gerade weil auch Mitglieder anderer rechter und rechtsoffener Vereine aus der Region anwesend waren, wurde die Veranstaltung gezielt »bürgerlich« gestaltet.

Die Strategie verfing durchaus. Viele Beiträge des Vereins etwa auf Facebook wurden in dieser Zeit von nicht-rechten Organisationen und Einzelpersonen geteilt und verbreitet. Gleichzeitig waren die Beiträge auch auf den Social-Media-Seiten des NPD-Kreisverbandes Erzgebirge oder Hartungs privaten Seiten zu sehen. Insbesondere auf der Seite der NPD Erzgebirge war nur schwer auseinanderzuhalten, ob es sich jeweils um eine Aktion der NPD oder von *Freigeist e. V.* handelte. Im Sommer 2018 startete die NPD die Aktion »Schafft Schutzzonen«, in der sie Schutz für Deutsche fordert. In einem Interview der NPD-Zeitung *Die Deutsche Stimme* mit Stefan Hartung spricht dieser sich für »den eigenständigen Schutz« einer Kommune durch deren Bürger:innen aus. Prompt rief der Verein im Oktober 2018 zu einer Demonstration mit dem Titel »Schutzzone Erzgebirge – Sicherheit auch für Deutsche« auf und beteiligten sich Vereinsmitglieder an »Bürgerstreifen«. Mit Bürgerstreifen oder Bürgerwehren versucht die extreme Rechte auch in anderen Kontexten immer wieder, die staatlichen Sicherheitsbehörden zu delegitimieren. Dazu wird das Gefühl vermittelt, dass der Staat nicht mehr dazu in der Lage sei, die öffentliche Sicherheit und Ordnung zu gewährleisten und die Bürger:innen dieses selbst in die Hand nehmen müssten. Gleichzeitig gerieren sich extrem rechte Aktivist:innen als »Kümmerer« und »Anpacker«. Nicht zuletzt sind solche Aktionen geeignet, Andersdenkende und »Andersaussehende« einzuschüchtern (Kulturbüro Sachsen 2019). Im Jahr 2019 wurde der Verein dann wieder aufgelöst. Die genauen Gründe dafür sind unklar. Nach zahlreichen Medienberichten über den Verein in den Jahren 2018/19 kann vermutet werden, dass das Label sich verbraucht hatte und eine zu eindeutige Zuordnung zur extremen Rechten und der Szene rund um die NPD allgemein bekannt war.

Die Protagonisten der Partei

Die wichtigste Rolle bei den *Freien Sachsen* spielt zweifelsfrei der Parteivorsitzende **Martin Kohlmann** (Jahrgang 1977, Abb. 3) aus Chemnitz. Spätestens seit den rassistischen Aufmärschen im Spätsommer 2018 in seiner Heimatstadt erfuhr er bundesweite Aufmerksamkeit. Seine politischen Aktivitäten begannen jedoch bereits in den 1990er Jahren bei den extrem rechten *Republikanern* (REP). Für diese konnte er 1999 ein Mandat im Chemnitzer Stadtrat erringen und fungierte ab 2004 als sächsischer Landesvorsitzender. Im Jahr 2004 hatte es Streit im Landesvorstand der REP gegeben, nachdem die damalige Landesvorsitzende dafür sorgte, dass die Partei zugunsten der NPD nicht zur Landtagswahl antrat. Anschließend wurde Kohlmann für einen überschaubaren Zeitraum Landesvorsitzender der REP in Sachsen. Er schloss sich für kurze Zeit auch der rechtskonservativen Kleinstpartei *Deutsche Soziale Union* (DSU) an. Neben seinen zahlreichen anderen Aktivitäten ist Kohlmann auch Mitglied der *Burschenschaft Arminia zu Leipzig*, die dem rechtsextremen Dachverband der *Deutschen Burschenschaften* angehört und in der Vergangenheit eng mit der *Identitären Bewegung* zusammenarbeitete. Nicht zuletzt war er an der Gründung der Schüler-Burschenschaft *Pennale Burschenschaft Theodor Körner zu Chemnitz* beteiligt, die unter anderem für Felix Menzel den Startpunkt einer extrem rechten Karriere bildete.

Kohlmann studierte in Basel und Leipzig Rechtswissenschaften und arbeitet seitdem als Rechtsanwalt. In seiner beruflichen Rolle trat er bereits sehr früh als Strafverteidiger verschiedener extrem rechter Akteure in Erscheinung. Als einer der Verteidiger im Gerichtsprozess gegen die rechtsterroristische Vereinigung *Gruppe Freital* sagte Kohlmann im Januar 2018 in seinem Plädoyer, dass er hoffe, dass sich seine Ausführungen nach einem Systemwechsel einmal strafverschärfend in einem Prozess gegen das Gericht auswirken würden. Eine Strafverteidigervereinigung hatte den Anwalt daraufhin ausgeschlossen und die Rechtsanwaltskammer Sachsen prüfte laut Medienberichten rechtliche Schritte. Neben extrem rechten Aktivist:innen, deren Verteidigung einen großen Teil seiner Arbeit ausmacht, vertrat Kohlmann in der Vergangenheit auch Asylsuchende aus postsowjetischen Staaten vor Gericht. Er verbrachte einige Zeit seines Referendariats in Krasnojarsk (Russland), spricht russisch und einzelne russischsprachige Vereine aus der Chem-

Abbildung 3:
Martin Kohlmann bei einer Rede auf einer verschwörungsideologischen Demonstration in Dresden am 18. 06. 2022, an welcher sich die Freien Sachsen beteiligten. FOTO: VUE.CRITIQUE

nitzer Region arbeiteten mit ihm zusammen. Der Sitz seiner Anwaltskanzlei in der Brauhausstraße in Chemnitz ist gleichzeitig der Hauptsitz der *Freien Sachsen* und entwickelte sich in den letzten Jahren zu einem organisatorischen und logistischen Zentrum der sächsischen Neonazi-Szene.

In Chemnitz heizte Kohlmann die Demonstrationen 2018 mit seinen Reden an und sprach davon, dass es nun eine politische Wende geben müsse, die umfassender und sorgfältiger sein müsse als andere politische Umbrüche in der Vergangenheit. Immer wieder wird Martin Kohlmann in seinen Reden deutlich: Bei der Gründungsveranstaltung der *Freien Sachsen* am 26. Februar 2021 in Schwarzenberg sprach Kohlmann davon, dass die Partei zurückwolle »zu einem freien Sachsen, dass seine wichtigen Fragen selber regelt und nicht ein Sklave von Berlin und Brüssel bleibt«. Und an anderer Stelle: »Den derzeitigen Machthabern in Sachsen und Deutschland«, so sagt Kohlmann in seiner Neujahrsansprache 2023, möchte er »die Schalthebel aus der Hand nehmen.« Um dies zu legitimieren, malt er oft Untergangsszenarien von apokalyptischer Tragweite. Ebenfalls in der Neujahrsansprache meint er:

> »Und im Gleichschritt mit der Vernichtung unserer Existenzgrundlage werden massenhaft Fremde angesiedelt, von denen man mit hoher Sicherheit sagen kann, dass sie unserem Land so gut wie nichts nützen, aber erheblich kosten und schaden werden. Vor unseren Augen vollzieht sich auf diese Weise der Untergang einer der hochstehendsten Zivilisationen, die unsere Erde gesehen hat.«

Der viel beschworene nationale Widerstand wird in diesen Reden geradezu zu einer Pflicht seiner Anhängerschaft, um ihrem eigenen Untergang zu entgehen.

Seit vielen Jahren ist **Robert Andres** (Jahrgang 1989, Abb. 4) nicht von der Seite des Parteivorsitzenden und extrem rechten Multifunktionärs Martin Kohlmann wegzudenken. Er ist Gründungsmitglied, einer der umtriebigsten Funktionäre und Mitglied des Landesvorstandes der *Freien Sachsen*. Bis zur Drucklegung dieses Buches fungierte Andres als eingetragener Geschäftsführer der SVM Sächsische Versand und Medien UG. Das Unternehmen ging aus der CIG Chemnitzer Immobilien Gemeinschaft UG hervor, welche unter anderem von Andres und Kohlmann gegründet worden war, um den

Kauf, den Verkauf, die Sanierung und Vermietung eigener Immobilien zu organisieren. Über das Unternehmen wird heute laut Handelsregisterauszug vornehmlich der »Verkauf und Versand von Produkten jeglicher Art, insbesondere von Werbeartikeln wie T-Shirts, Feuerzeugen oder ähnliches, Herstellung von Fanartikeln sowie Produktion von Digitalmedien« umgesetzt. Auch das Politikmagazin der *Freien Sachsen* »Aufgewacht« (siehe Kapitel 4) wird von der SVM vertrieben. Besucht man die einschlägigen Internetauftritte, so könnte man meinen: Der Umsatz von Geld über die Produktion und den Verkauf von eigenen Merchandising-Artikeln und Demonstrationsbedarf stellt inzwischen einen wichtigen Teil der Arbeit der *Freien Sachsen* dar. Schließlich gibt es einen gut organisierten Online-Versandhandel, der als eigener Menüpunkt direkt von den Internetauftritten der *Freien Sachsen* erreichbar ist. Andres ist dabei federführend beteiligt.

Seine politische Sozialisation erfuhr Robert Andres im Umfeld der 2014 vom Sächsischen Innenministerium verbotenen Kameradschaft *Nationale Sozialisten Chemnitz* (NSC), die in der Stadt seit spätestens 2005 aktiv war. In der Verbotsbegründung heißt es, dass es ein Ziel des NSC war, einen Staat wieder zu errichten, der im Wesen dem historischen Nationalsozialismus entspricht und die »Volksgemeinschaft« zu schützen hat. Einzelnen Protagonisten der NSC sind auch Verbindungen in die Unterstützerkreise der Rechtsterrorist:innen Uwe Mundlos, Uwe Böhnhardt und Beate Zschäpe nachzuweisen. Über seine Tätigkeit bei den NSC hinaus war Andres in der Vergangenheit auch an der Organisation des extrem rechten Kampfsportturniers *Tiwaz* beteiligt und nahm an diversen neonazistischen Kampfsportevents, wie z. B. im ostsächsischen Ostritz, teil. Direkt nach dem NSC-Verbot machte Andres bei der extrem rechten kommunalen Bürgerbewegung *Pro Chemnitz* Karriere. Inzwischen ist er seit vielen Jahren Mitglied der Stadtratsfraktion, die mittlerweile in Ratsfraktion *Pro Chemnitz/Freie Sachsen* umbenannt wurde. In ebendieser Rolle wurde Andres am 16. Dezember 2020 von Polizeibeamten aus einer Stadtratssitzung getragen. Er hatte sich inmitten der Corona-Pandemie und trotz geltender Regelungen geweigert, eine Schutzmaske zu tragen und kam auch der Aufforderung des Oberbürgermeisters, den Saal zu verlassen, nicht nach. Bereits im April 2020 hatte Andres gemeinsam mit Stefan Hartung die ersten Demonstrationen gegen die staatlichen Maßnahmen zur Eindämmung der Corona-Pandemie mitorganisiert. Gemeinsam mit anderen Neonazis konnte man Andres in den letzten Jahren auf unzähligen rechten Demonstrationen in Sachsen und darüber hinaus in Aktion sehen.

Einer, der dabei oft an seiner Seite zu sehen war, ist der Neonazi **Michael Brück** (Jahrgang 1990, Abb. 4). Dieser war bis 2019 hauptsächlich in Nordrhein-Westfalen (NRW) aktiv, zuerst bei der NPD im Raum Köln und später als eine prägende Figur des sogenannten Neonazi-Kiezes im Dortmunder Stadtteil Dorstfeld. Ausgehend von mehreren Neonazi-Wohngemeinschaften und diversen politischen Aktionen der Szene wurde der Stadtteil über viele Jahre zu einer Hochburg extrem rechter Aktivitäten in Westdeutschland. Zuerst bei der 2012 vom Innenministerium NRW verbotenen Vereinigung *Nationaler Widerstand Dortmund* (NWDO) aktiv, wurde Brück später stellvertretender Landesvorsitzender der neonazistischen Kleinstpartei *Die Rechte* in NRW und zog für sie in den Dortmunder Stadtrat ein. Dort suchte er vor allem durch skandalträchtige Auftritte und den Versuch tabubrechender Anträge die öffentliche Aufmerksamkeit. Über einige Jahre betrieb er einen eigenen rechtsextremen Online-Versandhandel, über welchen sich Plakate, T-Shirts, Aufkleber usw. mit rechten Parolen, aber auch waffenähnliche Gegenstände, wie z. B. Steinschleudern und Stahlkugeln, bestellen ließen. In Dortmund war er darüber hinaus als Anmelder und Redner auf extrem rechten Demonstrationen in Erscheinung getreten.

Der Umzug von Michael Brück nach Chemnitz zum Ende des Jahres 2020 könnte zum einen damit zusammenhängen, dass die intensive staatliche Repression sowie zahlreiche zivilgesellschaftliche und antifaschistische Proteste sichtbare Wirkung auf die Dortmunder Neonazi-Szene hatten. Zum anderen fand Brück nach eigenen Angaben eine Anstellung in der Kanzlei von Martin Kohlmann. Brück hatte in NRW für einige Semester ein Jura-Studium aufgenommen. In Sachsen ist er nach seinem Umzug im Rahmen von Aktionen der *Freien Sachsen* oft als rechter Medienaktivist in Erscheinung getreten. Besonders auffällig ist, dass Brück an zahlreichen Schauplätzen extrem rechter Demonstrationen in Sachsen zu finden ist. In den Jahren 2022/23 fanden selten größere Demonstrationen oder Aktionen der *Freien Sachsen* ohne seine Anwesenheit statt. Bei einem Kongress des extrem rechten *Compact*-Magazins saß er am 12. August 2023 zudem gemeinsam mit dessen Herausgeber Jürgen Elsässer auf einem Podium und sagte, dass er sich mit den *Freien Sachsen* überlegt habe: »Wie können wir so wenig Partei wie es geht

Abbildung 4:
Infostand der Freien Sachsen am Rande einer Demonstration am 20. Mai 2022 in Dresden. Rechts im Bild: Robert Andres und Michael Brück (v. r. n. l.). FOTO: VUE.CRITIQUE

sein, aber trotzdem die Vorteile daraus ziehen? Und so haben wir, denke ich, ein ganz gutes Bewegungssystem daraus gemacht, mit allen zusammenarbeiten, auch Doppelmitgliedschaften bewusst zulassen, weil wir eben eine Netzwerkplattform sein wollen.«

Einer der beiden stellvertretenden Parteivorsitzenden ist der IT-Unternehmer und langjährige NPD-Politiker (die NPD firmiert nun unter dem Namen *Die Heimat*) **Stefan Hartung** (Jahrgang 1989). Er war über viele Jahre Beisitzer der NPD im Erzgebirgskreis und übte für die extrem rechte Partei Mandate unter anderem im Stadtrat Aue-Bad Schlema, im Ortschaftsrat in Bad Schlema und im Kreistag des Erzgebirgskreises aus. Hartung ist in seiner Heimatregion im Erzgebirge gut vernetzt und seit vielen Jahren eine zentrale Figur der neonazistischen Szene. Nachdem er als Jugendlicher kurz bei der *Jungen Union* aktiv war, trat er im Jahr 2005 der NPD bei. Über den gesamten Zeitraum ist Hartung dabei immer wieder als Anmelder und/oder Redner auf diversen extrem rechten Demonstrationen in der Region des Erzgebirgskreises aufgetreten. Wie oben bereits beschrieben wurde er mit der Organisierung der »Lichtelläufe« im Jahr 2013 und der späteren Gründung des Vereins *Freigeist e. V.* überregional bekannt und festigte auch seine regionalen Position als Aktivist.

Als Redner auf Veranstaltungen des *Freigeist e. V.* vertrat Stefan Hartung rassistische Positionen oder hetzte gegen politische Verantwortungsträger:innen. Dabei machte er auch aus seiner grundlegenden Ablehnung der repräsentativen demokratischen Ordnung keinen Hehl. Diese Positionierung setzte sich über die Jahre fort. In einer seiner Reden auf einer asylfeindlichen Demonstration in der mittelsächsischen Kleinstadt Kriebethal sagte er im Januar 2023 zum Beispiel: »Dieser Parlamentarismus, dieses ganze System, was man uns hier vorgaukelt, diese Fassadendemokratie, die ist es nicht mehr wert, erhalten zu bleiben.« Wenige Monate zuvor sagte er in einer Rede auf einer Demonstration unter dem Motto »Ami go home« in Leipzig:

> »Deshalb sagen wir auch ganz offen: wir wollen an dieser Bundesrepublik nicht weiter herumdoktern. Es wurde in den vergangenen Jahren zuhauf probiert, hier diesen Staat, diese Regierung zu reformieren, Forderungen zu stellen. Ja manche versuchen hier gar als Bittsteller irgendeine Veränderung zu erreichen. Ich persönlich glaube nicht mehr daran, dass diese

> Republik noch reformierbar ist. Deshalb sagen wir, wir müssen gemeinsam an einem neuen politischen System arbeiten.«

Als Kandidat der *Freien Sachsen* trat Hartung bei den Landratswahlen im Erzgebirgskreis im Sommer 2022 an und holte in beiden Wahlgängen rund 10 Prozent der gültigen Stimmen.

Ein ähnliches Ergebnis zur Landratswahl erzielte im Landkreis Sächsische Schweiz-Osterzgebirge der *Freie Sachsen*-Kandidat **Andreas Hofmann** (Jahrgang 1966). Auch er fungiert als stellvertretender Parteivorsitzender und ist seit vielen Jahren immer wieder durch asylfeindliche Positionen aufgefallen. Anders als bei Hartung resultiert die Popularität Hofmanns weniger aus seinen jahrelangen politischen Aktivitäten als vielmehr aus der Tatsache, dass er knapp 19 Jahre für einen bekannten sächsischen Radiosender als Moderator arbeitete und unter dem Künstlernamen »DJ Happy Vibes« als Diskjockey und Musikproduzent in Erscheinung getreten war. Im Jahr 2016 trennten sich die Wege von Hofmann und dem Radiosender. Zuvor hatte Hofmann sich in sozialen Medien gegen eine Geflüchtetenunterkunft positioniert und gegen Politiker gewettert. Seitens des Senders hieß es jedoch, dass dies nicht der Grund für die Trennung gewesen sei. In den Jahren 2018 bis 2020 engagierte sich Hofmann bei den *Freien Wählern* und kandidierte für diese 2019 unter anderem bei den Landtagswahlen als Direktkandidat. Auch in dieser Zeit ist er bereits bei extrem rechten Demonstrationen aufgetreten, so z.B. am 26. Oktober 2018 in Chemnitz bei einer Veranstaltung von *Pro Chemnitz*. Dort sprach er unter anderem davon, dass die Medien in Deutschland gleichgeschaltet seien und dass das deutsche Sozialsystem wegen zunehmender Migration zusammenbrechen werde. Aufgrund seiner extrem rechten Äußerungen soll es laut Medienberichten zu Streit innerhalb der *Freien Wähler* gekommen sein.

Im Zuge der Aufstellung der Kandidaten zu den Landratswahlen 2022 tauchte Andreas Hofmann dann bei den *Freien Sachsen* in prominenter Position wieder auf. Bei den Freien Sachsen trat Hofmann außerdem immer wieder als Moderator von Veranstaltungsformaten auf. Neben Demonstrationen und Kundgebungen moderierte er insbesondere bei den »Sonntagsgesprächen«, einem regelmäßigen YouTube-Format der *Freien Sachsen*, bei welchem extrem rechte Akteure oder Sympathisanten eingeladen und interviewt werden. Am 19. November 2023 richtete sich Hofmann in diesem Format an einen Journalisten der Sächsischen Zeitung, den er namentlich benannte und der zuvor kritisch über einen Obdachlosenverein berichtet hatte, der unter anderem von extrem rechten Akteuren betrieben wird: »Sie werden dafür auch irgendwann bestraft, wenn die Zeiten anders werden und die werden irgendwann anders. Es wird nicht ewig so bleiben, dann werden wir Sie zur Rechenschaft ziehen. Das steht schon mal fest und das gilt auch für alle anderen Schmierfinken, die so eine Scheiße schreiben, obwohl die Sachverhalte ganz, ganz anders sind.« In mindestens einer dieser Sendungen äußert Hofmann auch antisemitische Verschwörungsfantasien.

Mit Max Schreiber, Peter Schreiber, Hans-Jörg Schneese, Rainer Umlauft, Mirko Rau und Manuel Leuchtmann fungieren neben den bisher genannten, noch sechs weitere Männer als Beisitzer im Parteivorstand der Freien Sachsen (Stand 05. 01. 2024). Von besonderer Relevanz ist dabei **Max Schreiber** (Jahrgang 1987, Abb. 5), der vor allem in der Region Dresden und Sächsische Schweiz-Osterzgebirge aktiv ist. Das erste Mal politisch in Erscheinung trat Max Schreiber im August 2015 bei rassistischen Protesten in Heidenau. Er gehörte zum Umfeld der NPD, die eine Demonstration gegen eine Erstaufnahmeeinrichtung für Geflüchtete angemeldet hatte. Im Anschluss an die asylfeindliche Demonstration der extrem rechten Partei kam es dort zu massiven rassistischen Ausschreitungen, bei denen mehrere Polizeibeamte verletzt worden sind. Im Jahr 2019 kandidierte er für die NPD zu den Landtagswahlen. Am 13. Februar 2022 war Max Schreiber in einer Gruppe von Neonazis, die am Rande einer rechten Demonstration auf Journalisten losgingen. In den Regionen Dresden und Sächsische Schweiz-Osterzgebirge war Schreiber im Jahr 2023 Anmelder von bzw. Redner auf mehreren Dutzend Demonstrationen gegen die Unterbringung von Geflüchteten. Über weite Zeiträume meldete er gleich mehrere Demonstrationen pro Woche für die *Freien Sachsen* an. Dem überwiegenden Teil dieser Aufrufe folgte nur eine geringe zweistellige Zahl Demonstrierender, darunter ein harter Kern von rund 20 Neonazis aus Dresden und der Region. Hervorzuheben sind Schreibers Demonstrationen in Sebnitz (August 2023) und Bad Gottleuba-Berggießhübel (September 2023), an denen jeweils eine vierstellige Zahl von Menschen gegen die Aufnahme von Asylsuchenden demonstrierten. Zudem mobilisierte Schreiber im Oktober 2023 rund 300 extrem Rechte, direkt vor das Wohnhaus des sächsischen Ministerpräsidenten Michael Kretschmer im Dresdner Stadtteil Klotzsche zu ziehen.

Abbildung 5:
Demonstrierende der Freien Sachsen am 23. 08. 2023 in Pirna bei einem Besuch des sächsischen Ministerpräsidenten. Links mit dem Mikrofon auf dem Bild: Max Schreiber.

FOTO: VUE.CRITIQUE

Ebenfalls aus der NPD kommt **Peter Schreiber** (Jahrgang 1973). Seine ersten politischen Erfahrungen sammelte er bei den *Republikanern* und wechselte später zur NPD. Seit zehn Jahren leitet Peter Schreiber den Verlag *Deutsche Stimme* in Riesa als Chefredakteur und ist mittlerweile auch der sächsische Landesvorsitzende der Partei *Die Heimat* (bis 2022: NPD). Innerhalb der *Heimat* hat er als Publizist und Redakteur bundesweite Bedeutung. Neben dem Verlag und der Zeitung der Partei ist er auch maßgeblich für den Kanal »Deutsche Stimme-TV« verantwortlich und tritt auf diesem kontinuierlich und regelmäßig in Erscheinung. Im Jahr 2008 war er für die NPD in den Kreisrat des Landkreises Meißen eingezogen und 2009 in den Stadtrat der Gemeinde Strehla. In beiden Gremien konnte er sein Mandat bei darauffolgenden Wahlen verteidigen. Im Juni 2022 ist er trotz seiner herausragenden Funktionen innerhalb der NPD für die *Freien Sachsen* zur Bürgermeisterwahl in Strehla angetreten und erhielt 9,7 Prozent der abgegebenen Stimmen.

Von Hans-Jörg Schneese, Rainer Umlauft, Mirko Rau und Manuel Leuchtmann, die wie Max und Peter Schreiber ebenfalls Beisitzer im Parteivorstand sind, sind keine relevanten Betätigungen in extrem rechten Kreisen vor der Corona-Pandemie bekannt. Sie waren vor der Gründung der *Freien Sachsen* nicht sichtbar bei antidemokratischen Organisationen oder Aktionen in Erscheinung getreten. Neben Funktionären des Parteivorstandes und den oben genannten tragenden Kadern der *Freien Sachsen* gibt es aber einige weitere Personalien, die für die Partei bisher relevant waren. So wirkte an der Gründung der *Freien Sachsen* der vogtländische Busunternehmer **Thomas Kaden** mit. Kaden war in der Corona-Pandemie bekannt geworden, weil er mit seinem Busunternehmen Demonstrierende zu den Aktionen gegen die staatlichen Maßnahmen zur Eindämmung der Pandemie beförderte. Inzwischen spielt er allerdings keine Rolle mehr in der Partei. Zur gleichen Zeit radikalisierte sich **Marcus Fuchs**, der über einen längeren Zeitraum bei *Querdenken* im Raum Dresden aktiv war. Inzwischen hat er sich als Kandidat für die *Freien Sachsen* aufstellen lassen und arbeitet mit der Partei zusammen. Als Chefredakteur für das *Freie-Sachsen*-Magazin »Aufgewacht« tritt **Jochen Stappenbeck** für die Partei in Erscheinung. Zusammen mit **Frank Liske** hatte er Demonstrationen und Aktionen gegen die Maßnahmen zur Eindämmung der Corona-Pandemie in Ostsachsen organisiert und schloss sich später den *Freien Sachsen* an. Liske war zeitweise Mitglied des AfD-

Kreisvorstandes in Görlitz und ist seit vielen Jahren als Unternehmer in der Region bekannt. Er gründete den Verein *Aktionsbündnis sächsischer Unternehmer e. V.*, mit dem extrem rechte Kreise vorwiegend in Ostsachsen versuchen, in mittelständige Unternehmen zu wirken.

Auffällig ist, dass es vor allem Männer sind, die für die *Freien Sachsen* öffentlichkeitswirksam in Erscheinung getreten sind. Eine der wenigen Frauen, die bisher bei den *Freien Sachsen* relevant in der Öffentlichkeit stehen, ist **Uta Hesse** (Jahrgang 1986) aus Mügeln im Landkreis Nordsachsen. Sie war vor der Corona-Pandemie politisch nicht aufgefallen und hat sich wahrscheinlich in dieser Zeit radikalisiert. In ihrem Heimatort war sie im Rahmen der Demonstrationen gegen die staatlichen Maßnahmen zur Eindämmung der Pandemie aktiv. Im Sommer 2022 wurde sie dann von den *Freien Sachsen* als Landratskandidatin für den Landkreis Nordsachsen ins Rennen geschickt und holte überraschend ein Ergebnis von 20 Prozent der Stimmen. In einzelnen Gemeinden des Landkreises wurde sie von mehr als 25 Prozent gewählt. Wichtig ist es hierbei zu betonen, dass die AfD in diesem Wahlkreis nicht angetreten war. Seit Sommer 2022 ist Uta Hesse immer wieder bei extrem rechten Demonstrationen oder durch extrem rechte Äußerungen in Erscheinung getreten.

Aus alt mach neu

Dass das Modell der *Freien Sachsen* ausgerechnet im Bundesland Sachsen gestartet wurde und zumindest zeitweilig bis heute einige Erfolge vorweisen kann, ist kein Zufall. Beginnend in den frühen 1990er Jahren identifizierte die extreme Rechte Ostdeutschland und speziell Sachsen als lohnendes Aufmarschgebiet und Experimentierfeld. Die NPD konnte in ihrer zehnjährigen Anwesenheit als Fraktion im sächsischen Landtag sowie in zahlreichen Kommunalparlamenten extrem rechte Politik normalisieren und vorantreiben. Unter anderem mit den Demonstrationen anlässlich des Jahrestages der Bombardierung Dresdens im Zweiten Weltkrieg fanden regelmäßig neonazistische Aufmärsche mit mehreren Tausend Teilnehmer:innen statt. *Pegida* hat es dann geschafft, auch Menschen für rassistische Proteste zu mobilisieren, die vorher noch nicht mit extrem rechten Aktionen in Erscheinung getreten waren. Dadurch wurde ein bis dahin politisch inaktiver Teil der Gesellschaft, dessen Umrisse sich allerdings vorher in verschiedenen Einstellungsstudien abzeichnete, aktiviert und empowert. Kurz gesagt: In Sachsen wurde durch unterschiedlichste extrem rechte Akteure über mehrere Jahrzehnte der politische Boden für eine Erneuerung und Mobilisierung der extremen Rechten bereitet. Die Skandalisierung extrem rechter Vorfälle hat sich vor diesem Hintergrund über die Jahre abgenutzt.

Davon konnte zuerst vor allem die AfD profitieren – und sie führte die Normalisierung extrem rechter Politik weiter, beschleunigte sie unter Ausnutzung gesellschaftlicher Krisen sogar noch. Der rasante Aufstieg der AfD seit 2013 hat die organisierten Neonazi-Szenen zeitweilig in den Schatten gestellt. Wichtige Parteien wie die NPD sind in der Bedeutungslosigkeit verschwunden, während die AfD unter anderem von ihrer Vorarbeit in Sachsen profitieren konnte. Die Gründung der *Freien Sachsen* ist auch eine Reaktion auf ebendiese Entwicklungen und damit der Versuch einer Reorganisierung und Reaktivierung der Neonazi-Szenen. Letztlich vergrößerte sich durch die Erfolge der AfD der Möglichkeitsraum für die extreme Rechte. Das zeigte sich vor allem daran, dass sich die extreme Rechte weiter ausdifferenzierte und heterogener wurde – etwa durch die Gründung (bundesweit aktiver) Medien wie *Compact*, den Aufbau von Organisationen wie *Ein Prozent* oder den Aktivitäten der *Identitären Bewegung*, die auch in Sachsen immer wieder mit Aktionen auftreten.

Mit dem Verein *Freigeist e. V.* im Erzgebirge und der Wählervereinigung *Pro Chemnitz* existierten außerdem zwei organisatorische Vorläufer der *Freien Sachsen* auf regionaler Ebene. Die Protagonist:innen dieser Organisationen haben ihre Erfahrungen in die Idee der Gründung der *Freien Sachsen* einfließen lassen. Die *Freien Sachsen* entstanden also nicht im luftleeren Raum, ganz im Gegenteil. Zudem gründeten sich die *Freien Sachsen* im Zuge der Ausnahmesituation der Pandemie. Sie zeigen damit, dass auch demokratiefeindliche Kräfte (noch weiter) rechts der AfD ihren Nutzen aus der gesellschaftlichen Krisensituation ziehen konnten. Die Zuspitzung und Ausnutzung gesellschaftlicher Krisensituationen ist insofern ein strömungsübergreifendes Strategieelement der extremen Rechten und immer wieder Anlass, sich jenseits ideologischer Differenzen zu sammeln. Gute Beispiele dafür sind die Aufmärsche in Chemnitz 2018 oder jüngst die extrem rechte Demonstration am 8. Januar 2024 in Dresden, die die Mobilisierung der Bauernproteste ausnutzte (siehe Einleitung). Bei diesen Gelegenheiten marschierten unterschiedlichste Parteien, Gruppierungen und Szenen gemeinsam auf – von Hooligangruppen über Neonazis bis hin zur AfD. Auf diesen und auf weitere strategische Aspekte werden wir im nächsten Kapitel näher eingehen.

Ein großer Teil des Führungspersonals der *Freien Sachsen* setzt sich aus Neonazis zusammen, die bereits seit vielen Jahren in entsprechenden Szenen aktiv sind und Erfahrungen sammeln konnten. Auffällig ist zudem, dass der Führungskreis der *Freien Sachsen* ganz klar von männlichen Personen dominiert wird. Sie entstammen unterschiedlichen Parteien und Gruppen, wie z. B. der NPD, der Partei *Die Rechte*, der Wählervereinigung *Pro Chemnitz* und anderen. Darüber hinaus haben bei den *Freien Sachsen* auch Personen eine politische Heimat gefunden, die im Zuge der Proteste gegen die staatlichen Maßnahmen der Corona-Pandemie erstmalig relevant in Erscheinung getreten sind. Einige dieser Menschen haben wiederum bei *Pegida* und deren Ablegern erste Demonstrationserfahrungen gesammelt. Der überwiegende Teil von ihnen hat seitdem eine deutliche Radikalisierung durchlaufen. Es ist bisher nicht erkennbar, dass diese Personen sich von den neonazistischen und demokratiefeindlichen Positionen innerhalb der Partei in irgendeiner Form distanzieren. Insofern bilden die *Freien Sachsen* eine qualitative Veränderung insbesondere der neonazistischen Szene ab, die eine solche Rekrutierung und Mobilisierung über die eigenen Kreise hinaus bisher nicht bewerkstelligen konnte.

Mit ihrem Personal sind die *Freien Sachsen* zweifelsfrei dazu in der Lage, als Kernzielgruppe diejenigen anzusprechen, die über ein gefestigtes rechtsextremes Weltbild verfügen. Die Führungskader der *Freien Sachsen* sind hauptsächlich Vollzeit-Aktivisten. Sie verbringen einen Großteil ihrer Lebenszeit mit der Planung, Organisation und Durchführung extrem rechter Politik auf verschiedenen Ebenen. Anders als Vorgängerorganisationen wie z. B. die NPD schaffen es die *Freien Sachsen* jedoch auch, andere Milieus als die klassischen extrem rechten Szenen zu erreichen. Hier knüpfen sie vor allem an die Erfolge anderer Gruppen der letzten Jahre an. Seit dem Aufkommen von *Pegida* vor mittlerweile knapp zehn Jahren und spätestens seit den rassistischen Aufmärschen in Chemnitz im Spätsommer 2018, hat sich das für extrem rechte Politik potenziell erreichbare Milieu deutlich vergrößert.

3. Strategien der Freien Sachsen online und offline

In diesem Kapitel widmen wir uns den Strategien der *Freien Sachsen*. Zentral ist hier die Nutzung der bis vor wenigen Jahren noch unbedeutenden Plattform Telegram einerseits und das Einnehmen der Rolle eines Protestkatalysators für die breite Szene andererseits. Hinzu kommt ein strategisch-überlegtes Verhältnis zu (potenziellen) Konkurrenten bzw. Partnern wie der NPD/*Die Heimat* und vor allem der AfD. Hier positionieren sich die *Freien Sachsen* formal als Partei, die auch zu Wahlen antritt. Anders als die NPD haben sie aber keinen Alleinvertretungsanspruch für das gesamte extrem rechte oder – um ihre Begrifflichkeit einmal zu nutzen – »nationale« Spektrum, sondern sie verstehen sich vor allem als Netzwerk. Die Mitgliedschaft in anderen Gruppen oder Parteien, abseits der *Freien Sachsen*, ist nicht nur erlaubt, sondern geradezu erwünscht. Auch wenn es ein allgemeiner Trend ist, so ist der Fokus der *Freien Sachsen* auf digitale Formate ebenso erwähnenswert wie die wichtige Rolle des Sachsen-Marketings und Merchandisings, das sich mit dem folkloristischen Kern durchaus von klassisch-neonazistischen Strategien abhebt.

Proteststrategie: Dauerhafte Präsenz durch Demonstrationen

Der Protest auf der Straße, mithin der »Kampf um die Straße«, ist integraler Bestandteil extrem rechter Strategieüberlegungen und damit keineswegs neu. So folgte die NPD unter Udo Voigt dem sogenannten Drei- beziehungsweise ab 2004 Vier-Säulen-Konzept (Schulze 2009) und sah sich in einem Kampf um die Parlamente, die

Straße, die Köpfe sowie – diesen Aspekt brachte Voigt im Sinne eines Führungsanspruchs der NPD neu ein – den »organisierten Willen«. Es gehört zur Definition sozialer Bewegungen – von der Arbeiterbewegung über die feministische bis hin zur Umweltbewegung – dass diese »sozialen Wandel mittels öffentlicher Proteste herbeiführen« wollen (Rucht 1994: 339). Proteste sollen staatliche Entscheidungsträger:innen unter Druck setzen, wobei die Resonanz aus der Bevölkerung beziehungsweise die »Spiegelung der Konfrontation in den Massenmedien« (ebd.: 347) entscheidend ist: »Eine Bewegung, über die nicht berichtet wird, findet nicht statt.« (Raschke 1988: 343) Für die extreme Rechte müssen diese allgemeinen Beobachtungen allerdings spezifiziert werden. Und für die *Freien Sachsen* müssen wir im Zusammenhang mit den von ihnen durchgeführten Demonstrationen auf mehrere Aspekte hinweisen, die sich deutlich von der zwei Jahrzehnte alten Strategie der NPD unterscheiden.

Allgemein ist zu beobachten, dass der Erfolg der extremen Rechten im lokalen Kontext sich oft nicht an der Mitgliederzahl oder an Wahlerfolgen messen lässt. Ihr Einfluss auf eine konkrete Stadtgesellschaft ergibt sich vielmehr aus der tatsächlichen beziehungsweise wahrgenommenen Präsenz. Matthias Quent und Peter Schulz zeigten anhand des Vergleichs mehrerer Fallstudien auf, dass extrem rechte Akteure in Städten und Gemeinden dann erfolgreich sind, wenn sie »Geländegewinne« erzielen können (Quent/Schulz 2015, siehe auch grundsätzlich Heitmeyer 1999). Dies kann erstens mittels »Provokationsgewinnen« durch z.B. Graffitis, Aufkleber oder öffentliche Auftritte geschehen, mit denen sie sich zunächst überhaupt als ernst zu nehmender Akteur präsentieren. Neben diesen »Provokationsgewinnen« können extrem rechte Akteure zweitens »Räumungsgewinne« verbuchen, wenn andere Gruppen (insbesondere Nicht-Rechte oder Migrant:innen) aus Sozialräumen verdrängt werden. In einer weiteren Steigerung gehe es Rechtsextremen um »Raumgewinne«, die dazu dienten, die »Räumungsgewinne« so zu festigen, dass es dauerhafte Angstzonen für Betroffene rechter Gewalt gebe und von ihnen deshalb über einen längeren Zeitraum gemieden würden. Die höchste Stufe von »Geländegewinnen« ist erreicht, wenn sich »Normalitätsgewinne« einstellen, also wenn extrem rechte Gruppen als normale politische Akteure wahrgenommen werden und Verdrängungskämpfe gegen Migrant:innen oder Gegner:innen der extremen Rechten vor Ort gar nicht mehr als Problem wahrgenommen werden. Sowohl auf der kommunalen als auch auf der regionalen Ebene lässt sich dieses Muster auch für die *Freien Sachsen* beschreiben.

Nachdem *Pegida* und deren Ableger ab 2017/18 keine nennenswerte Mobilisierung mehr erzielen konnten, kam es in Sachsen zu einem vorübergehenden Abflauen der jahrelang aktiven extrem rechten Protestdynamik auf den Straßen. Dies änderte sich mit Beginn der Corona-Pandemie und den staatlichen Maßnahmen gegen die Ausbreitung des Virus. Bereits im Frühjahr 2020 war in Sachsen eine breite und im Kern antidemokratisch ausgerichtete Mobilisierung zu beobachten, bei der sowohl neue Akteure in die Öffentlichkeit traten als auch jene Strukturen reanimiert wurden, die bereits in der Hochphase von *Pegida* über Protestbeteiligungen bekannt geworden waren. Extrem rechte Akteure, die später bei der Gründung der *Freien Sachsen* mitwirkten, beteiligten sich sehr früh in prominenter Rolle an diesen neuen Protesten oder initiierten sie an einzelnen Orten gar. Zu nennen sind hier vor allem die Aktivitäten von Martin Kohlmann, Stefan Hartung und Robert Andres im Raum Chemnitz und dem Erzgebirge. Mit der Gründung der *Freien Sachsen* inmitten der sich auf ihrem ersten Höhepunkt befindlichen antidemokratischen Protestdynamik auf den sächsischen Straßen wurde die Partei in der Außenwahrnehmung sehr schnell zu einer zentralen Struktur der Szene. Allerdings haben die *Freien Sachsen* diese Proteste keineswegs erfunden und sind auch nur für eine sehr begrenzte Anzahl der Demonstrationen tatsächlich als Organisator:innen erkenntlich. Vielmehr haben sie es mit gezielten Aufrufen und Sammlungen der lokal organisierten Proteste geschafft, die Rolle eines Katalysators einzunehmen. Über ihre Online-Kanäle teilten sie so über einen längeren Zeitraum wöchentlich mehr als 150 Demonstrationen mit Datum, Uhrzeit, Ort und listeten sie in einer Art und Weise auf, die den Anschein erweckte, dass die verschiedenen Versammlungen allesamt Teil einer großen, gemeinsamen Bewegung sind, der die *Freien Sachsen* als Dachorganisation vorstehen (siehe auch Kapitel 4). Einerseits konnten sie mit dieser Strategie ihre eigene Popularität in rasender Geschwindigkeit erhöhen und andererseits feuerten sie als Katalysator die bereits bestehenden Proteste so weiter an.

Die sehr dynamischen und diversen Proteste waren inhaltlich zunächst diffus (dazu u. a. Teune 2021; Virchow/Häusler 2021). In einem ersten Schritt ging es den verschiedenen Gruppierungen vor allem darum, einen gemeinsamen äußeren Feind zu konstruieren

(»die da oben«; politische Entscheidungsträger:innen). Zudem gab es niemanden innerhalb dieser verschiedenen Demonstrationsbewegungen, der ein ernsthaftes Interesse hatte, sich von Akteuren wie den *Freien Sachsen* abzugrenzen. Dank ihres Aufspringens auf die Proteste erlebten diese ja geradezu eine Potenzierung der Aufmerksamkeit und wurden bundesweit wahrgenommen. Wir können insofern gleichermaßen davon sprechen, dass in dieser Phase sehr viele unterschiedliche Akteure den »Kampf um die Straße« für die *Freien Sachsen* übernommen haben oder dass die *Freien Sachsen* sehr viele verschiedene Akteure in diesen »Kampf um die Straße« eingespannt haben, indem sie diesen einfach ihr Label aufklebten.

In Sachsen war im Rahmen der staatlichen Maßnahmen zur Eindämmung der Corona-Pandemie über mehrere Wochen eine Allgemeinverfügung in Kraft, mit der jegliche Demonstrationen untersagt waren. Die *Freien Sachsen* prägten in dieser Zeit den Begriff der »Spaziergänge« für die Versammlungen, die im gesamten Land stattfanden. So hieß es immer wieder von Kohlmann und Hartung, dass man das Spazierengehen in Gruppen nicht untersagen könne. Teile der Medienlandschaft und der Politik übernahmen den Begriff »Spaziergänge« und sorgten damit unbeabsichtigt für seine Etablierung. Aufgrund der hohen Anzahl der Demonstrationen – mehr als 150 verschiedene Aufzüge pro Woche – war es den staatlichen Sicherheitsbehörden unmöglich, diese an allen Orten zu unterbinden. Meistens war die Polizei nur vor Ort, um den Verkehr zu regeln und damit einen geordneten Ablauf der Demonstrationen sicherzustellen. Dies wiederum führte bei den Teilnehmenden der Demonstrationen zu der Annahme, dass der Staat insgesamt handlungsunfähig und nicht in der Lage sei, die Allgemeinverfügung und damit auch sein staatliches Gewaltmonopol durchzusetzen. Das schuf Woche für Woche ein neues Momentum, weil sich die Demonstrierenden als Gewinner eines Kräftemessens mit dem Staat fühlen konnten. Und genau diese Erzählung kolportierten die *Freien Sachsen* zu den Demonstrationen über ihre verschiedenen Kanäle. Die Demonstrationen waren damit von Beginn an das zentrale Strategieelement der *Freien Sachsen*, mit dem sie bereits in der Gründungsphase ihres Bestehens beachtliche »Geländegewinne« erzielen konnten. Nur an sehr wenigen Orten in Sachsen stießen die wöchentlich stattfindenden Demonstrationen aufgrund ihrer antidemokratischen Ausrichtung auf demokratische oder behördliche Problematisierung und eine relevante Auseinandersetzung. Die *Freien Sachsen* versuchten die Demonstrationen als erfolgreich und – in beachtlicher Selbstüberschätzung – Anlass für die Abwendung einer allgemeinen Impfpflicht oder die Rücknahme staatlicher Eingriffe im Zuge der Pandemiebewältigung darzustellen.

Ein weiterer wichtiger Aspekt, der die Proteststrategie der *Freien Sachsen* von jenen früherer extrem rechter Parteien unterscheidet, ist die Dauerhaftigkeit. Denn auch nach Bewältigung der Pandemiesituation und dem damit einhergehenden Ende der staatlichen Maßnahmen zur Eindämmung der Corona-Pandemie brachten sie neue Themen in Stellung, die die Protestdynamik zumindest in Teilen am Laufen halten konnten. Das dies gelingen konnte, ist sicherlich auch den außergewöhnlichen und krisenhaften Entwicklungen zu verdanken, welche die *Freien Sachsen* für sich zu nutzen wussten. So lieferte der Krieg Russlands gegen die Ukraine und die daraus resultierenden Folgen für die deutsche Bevölkerung (Inflation, Energiekrise, Abnahme der Wirtschaftskraft durch Sanktionen, Aufnahme und Umgang mit Geflüchteten aus der Ukraine) eine ganze Reihe von Themen zur Mobilisierung von Demonstrationen. Beflügelt vom herbeifantasierten Erfolg hinsichtlich der Corona-Maßnahmen sollte es auf den Demonstrationen nun darum gehen, weitere Forderungen zu ebenfalls emotional diskutierten Fragestellungen durchzusetzen.

Mit Zunahme der Zahl Geflüchteter, die Deutschland vor allem zu Beginn des Jahres 2023 erreichten, wurde auch das für die extreme Rechte klassische Thema Asyl und Migration in rassistischer Weise wieder aufgegriffen und diente als Mobilisierungsmoment in zahlreichen Orten (Abb. 6). Auch wenn die Anzahl der Demonstrant:innen wie auch die der Demonstrationen selbst im Vergleich zu den Jahren 2021/22 zurückging, sorgten die *Freien Sachsen* dafür, dass auch 2023 in Sachsen mehr extrem rechte Demonstrationen stattfanden, als im gesamten restlichen Bundesgebiet. Auf der Straße soll so eine rechte Hegemonie hergestellt werden. Obwohl nach wie vor viele der Demonstrationen nicht durch die *Freien Sachsen* selbst angemeldet werden, haben sie sich als das Dach der extrem rechten Demonstrationsdynamiken etabliert oder werden zumindest so wahrgenommen. Es gibt im Bundesland keine andere politische Gruppe oder politische Richtung, die in den letzten Jahren so viele Demonstrationen durchgeführt hat. In vielen Orten in Sachsen sind die Demonstrationen, die von den *Freien Sachsen* über ihre Kanäle beworben werden, die einzigen politischen Versammlungen unter

Abbildung 6:
Demonstration der Freien Sachsen in Sebnitz am 14. 08. 2023. FOTO: VUE.CRITIQUE

freiem Himmel, die in den letzten Jahrzehnten überhaupt stattgefunden haben. Selbst wenn nur eine Minderheit der Einwohner:innen eines Ortes daran teilnimmt, kann deshalb eine politische Dominanz auf der Straße erzeugt werden.

Zu Beginn des Jahres 2024 zeigten die *Freien Sachsen*, dass sie auch weiterhin sehr aufmerksam mögliche Ansatzpunkte zur Wiederbelebung der Protestdynamiken beobachten. Als es im Januar 2024 bundesweit zu Protesten von Landwirt:innen gegen Entscheidungen der Bundesregierung kam, gehörten die *Freien Sachsen* zu den ersten politischen Gruppen, die eigene Versammlungen anmeldeten und zur aktiven Teilnahme an den Protesten aufriefen. Auch hier wird wieder die bereits oben beschriebene Strategie deutlich, Proteste anderer gesellschaftlicher Gruppen zu nutzen, auf diese aufzusitzen, sie mit eigenen Themen zu infiltrieren und sich infolge als wichtiger organisatorischer Teil oder gar als Dach der Demonstrationen in der Öffentlichkeit darzustellen.

Markenpflege

Die Politikwissenschaftlerin Sabine Volk hat am Beispiel *Pegida* eine weitere wichtige bewegungsorientierte Strategie der extremen Rechten herausgearbeitet. Im Zuge der Proteste gegen die Corona-Pandemie versuchten die *Pegida*-Protagonisten den eigenen Markenkern zu erhalten, um ein Aufgehen in der diffusen Gemengelage und damit den eigenen Bedeutungsverlust zu verhindern (Volk 2021). Daran wird deutlich wie wichtig die Markenpflege auch für die extreme Rechte ist. Sicher geht es dabei auch um den eigenen Anspruch und das Versprechen an die eigenen Mitglieder, an der Spitze der Bewegung zu stehen, wie es die NPD in ihrem Säulenkonzept integriert hatte. Davon abgesehen zeigt das Setzen auf eine eigene Markensprache, das konsequente Verwenden von Corporate-Identity-Elementen und die professioneller werdenden technischen Ausstattungen (Videoschnitt, Verknüpfung von Plattformen, szenische Inszenierung, grafische Gestaltung), wie sehr man sich doch dem Konsumverhalten des verhassten Zeitgeists anzupassen bereit ist.

Konkret sticht bei den *Freien Sachsen* die zwar auf den ersten Blick skurril wirkende Gestaltung des Logos (Abb. 7) als pseudo-königliches Wappen hervor, das aber als Markenzeichen offenbar Wiedererkennungswert hat und inhaltlich anschlussfähig ist (siehe auch Kapitel 4). Das Logo und die Farben Grün-Weiß werden konse-

Abbildung 7:
Demonstration der Freien Sachsen am 25.09.2023 in Bad Gottleuba-Bergießhübel. Rechts auf dem Banner ist das Wappen des Königreichs Sachsen, welches die Freien Sachsen als ihr Logo verwenden. FOTO: VUE.CRITIQUE

quent in Videos, Nachrichten, auf Plakaten, Kleidungsstücken und Fahnen eingesetzt und sorgen so für eine zwar einfache, aber wirksame Markensprache. Zudem wirkt die Nutzung der sächsischen Landesfarben deutlich weniger »radikal« als etwa die Farben- und Symbolwahl von NPD, *III. Weg* und Co. Papierfähnchen und Broschüren gibt es auf den Demonstrationen kostenlos. Die oben beschriebene Proteststrategie der *Freien Sachsen* ist nicht zu verstehen und wäre in den vergangenen Jahren nicht so erfolgreich gewesen, wenn sie dabei nicht diese Markenpflege umgesetzt hätten. In der Zeit der Corona-Pandemie und auch danach fanden wie bereits beschrieben wöchentlich eine dreistellige Anzahl von Demonstrationen statt, die von den *Freien Sachsen* über ihre Kanäle beworben wurden, auch wenn sie diese selbst nicht angemeldet oder organisiert haben. Auf fast all diesen Demonstrationen gab es mindestens eine oder mehrere Fahnen der *Freien Sachsen*. Diese wurden inflationär im gesamten Bundesland verteilt und tauchten so auf Fotos und Videos der unterschiedlichen Demonstrationen immer wieder auf. Nur so konnte der Eindruck entstehen, dass es sich bei den diversen Demonstrationen um Versammlungen handelte, die miteinander in Verbindung ständen und bei denen die *Freien Sachsen* eine wichtige Rolle spielten. Keine andere extrem rechte Partei in der Bundesrepublik hatte es zuvor geschafft, ihr Logo oder andere Symbole in einer solchen Art und Weise flächendeckend zu verteilen. Darüber hinaus vertreiben die *Freien Sachsen* unterschiedliche Banner, die auch von Demonstrierenden gekauft und dann mitgeführt werden können, die nicht direkt mit den *Freien Sachsen* verbunden sind. Die Aufschriften der Banner werden aktuellen Ereignissen angepasst. Damit wird eine niedrigschwellige Möglichkeit geboten, um bei Demonstrationen ein Fronttransparent zu haben, welches in einem halbwegs ansprechenden, vor allem aber wiedererkennbaren Layout daherkommt. Nicht immer, wenn ein Frontransparent der *Freien Sachsen* getragen wird, kann davon ausgegangen werden, dass die *Freien Sachsen* die Demonstration angemeldet oder organisiert haben. Auf den Bildern und Videos dieser Demonstrationen wird jedoch nach außen genau dieser Eindruck erweckt.

Bei Demonstrationen, vor allem aber auf der Website der *Freien Sachsen*, können zudem zahlreiche weitere Artikel – von Fahnen und Wimpeln bis hin zu Halterungen für KfZ-Kennzeichen und Gedenkmünzen – käuflich erworben werden. Damit lassen sich Einnahmen generieren – einen Einblick über diese haben wir leider nicht – aber vor allem kann damit auch die Eigeninitiative der Unterstützer:innen gepflegt werden. Zwar ist das Gesellschaftsbild der *Freien Sachsen* streng hierarchisch, für ihre Agitation bedienen sie sich aber moderner Strategien. Nach der Logik der *connective action* – wir kommen gleich noch einmal darauf zu sprechen – funktionieren moderne soziale Bewegungen weniger durch die massenhafte Übernahme einer geschlossenen Identität, sondern vor allem durch das Weiterverwenden und die Aneignung von Bildern und Symboliken durch die Unterstützer:innen (Bennet/Segerberg 2013). Darin liegt vermutlich auch ein potenzielles Problem für die Partei, sollte sie einmal in die Lage kommen, ihre Ideologien tatsächlich umzusetzen. Ihre abnehmende Bedeutung auf der Plattform Telegram verweist bereits auf eine gewisse Entzauberung. Für die Kernbotschaft – Widerstand über alles (siehe das folgende Kapitel) – und um die größtmögliche Unruhe und die Bedingungen für den ersehnten »Umsturz« zu schaffen, ist diese Strategie aber bestens geeignet.

Online-Präsenz und Strategien auf der Plattform Telegram

Bennet und Segerberg (2013) verwenden den Begriff *connective action* für (z.B. in der *occupy*-Bewegung) neu entstandene Protestformen, die geprägt sind durch einfach zu personalisierende *action frames* sowie den Einsatz sozialer Medien durch die Teilnehmenden selbst. Zunehmend haben extrem rechte Akteure diese digitalen Möglichkeiten für sich entdeckt (Nagle 2017; Ebner 2019; Fielitz/Marcks 2020; Stegemann/Musyal 2020). Für den Aufstieg der *Alternative für Deutschland* ab 2013, *Pegida* und Trumps Wahlsieg 2016 wurde auf die wichtige Rolle insbesondere von Facebook aufmerksam gemacht (z.B. Engesser et al. 2017; Klein/Muis 2019; Kruschinski/Haßler 2017). So kann die extreme Rechte mithilfe sozialer Medien die traditionelle Medienöffentlichkeit umgehen und an Journalist:innen und Gatekeeper:innen vorbei ihre Positionen verbreiten (Stier et al. 2017). Dabei werden die Themen der »Mainstream«-Öffentlichkeit durchaus rezipiert. In diesem Sinne beherzigen sie die »Realität der Massenmedien« (Luhmann 1995). Tatsächlich ist die Propagandastrategie der *Freien Sachsen* angewiesen auf die Skandalisierungsmechanismen und Krisenaffinität moderner Medien. Gleichzeitig wird die Berichterstattung der etablierten Medien im Stile *Pegidas* rundweg als »Lügenpresse« denunziert. Berichterstattung, die nicht aus den eigenen Reihen heraus für Propagandazwecke erfolgt, ist unerwünscht.

Die *Freien Sachsen* haben schnell ein eigenes und umfassendes Online-Angebot aufgebaut. Es wirkt von außen betrachtet bisweilen, als würde vor allem nach dem *Trial-and-Error*-Prinzip vorgegangen: Auf nahezu jeder Plattform existieren Angebote, so auf YouTube – insbesondere das Format Sonntagsgespräch –, auf WhatsApp, Facebook, Instagram, TikTok und vor allem auf Telegram. Während die Angebote auf YouTube, Facebook und Instagram nur wenig Aufmerksamkeit erhalten, sind die Aktivitäten auf Telegram, wie wir in diesem Abschnitt zeigen werden, breit aufgefächert. Um die Mobilisierung in Bewegung zu halten, sind über die Zeit immer wieder neue Kanäle und Plattformen ins Leben gerufen worden. Inzwischen existieren etwa eine Handvoll Telegram-Kanäle, die sich an junge Menschen richten (»Freie Jugend«). Der WhatsApp-Kanal der *Freien Sachsen Vogtland* ist hingegen erst am 19. Oktober 2023 über Telegram beworben worden. Er soll »viele Menschen, die noch nicht in die ›Welt des Widerstandes‹ eingetaucht sind« – also via Telegram zu den *Freien Sachsen* gefunden haben – abholen.

Zeitgleich mit der neuen Welle von Straßenprotesten hat sich in der Pandemie eine sehr heterogene Telegram-Szene gebildet, die neben den *Freien Sachsen* auch von Netzwerken wie *Eltern stehen auf* und lokalen Akteuren gestützt wird. Die hybride Plattform Telegram verbindet dabei eine ganze Reihe für das Mobilisieren für politische Themen nutzbare Features in einer Applikation. So können Nutzer:innen die App zunächst als einfachen Messenger verwenden. Neben den Einzel- oder Gruppenunterhaltungen (mit bis zu 250 000 Nutzer:innen) konnten auf Telegram von Anfang an mit wenigen Klicks Kanäle mit unbegrenzter Abonnent:innenzahl geöffnet werden. Vom Familienchat ist es damit nur ein Fingerwisch bis zum bundesweit mobilisierenden *Querdenken*-Kanal oder dem regionalen *Freie-Sachsen*-Kanal. Ebenfalls von Anfang an können Medien wie Bilder, Videos und Sprachdateien spielend einfach versendet werden. Inzwischen bietet Telegram auch die Option von Diskussionsgruppen an, die an bestehende Kanäle angebunden sind. Diese technischen Optionen, aber auch die relativ große Verbreitung in Deutschland und die weitestgehende Abwesenheit inhaltlicher Kontrolle – Telegram sperrt im Vergleich zu Facebook und YouTube nur wenige Inhalte landesabhängig – macht die Plattform zum idealen Werkzeug für Akteure wie die *Freien Sachsen*.

Angesichts der zunehmenden Mobilisierung über die Plattform Telegram ab dem Frühjahr 2020 haben wir in einem Kooperationsprojekt des *Else-Frenkel-Brunswik-Instituts* an der Universität Leipzig und der *Amadeu-Antonio-Stiftung* ein systematisches Online-Monitoring antidemokratischer Aktivitäten auf Telegram mit Bezug zu Sachsen aufgebaut. Wir kombinieren dabei qualitativ-interpretative (welche dominanten Narrative gibt es, wie werden sie miteinander verwoben), quantitative (Netzwerkanalysen, Verbreitung von Themen usw.) sowie computergestützte (*Topic Modeling*) Ansätze. Die Ergebnisse erscheinen seit Januar 2022 regelmäßig im *EFBI Digital Report*. In diesen werden thematische Verschiebungen, die Dominanz einzelner Akteure (*Freie Sachsen*), die lokale Verortung und Einbindung (»Graswurzelbewegung«) sowie Radikalisierungstendenzen analysiert. Festzustellen ist, dass die *Freien Sachsen* die Szene in Sachsen stark prägen, wenngleich sie weit davon entfernt sind, den Ton anzugeben. Allerdings sind sie geschickt darin, immer wieder Themen aufzugreifen, Demonstrationsaufrufe (auch anderer Akteure) zu sammeln und einen zwischen verschiedenen Strömungen vermittelnden Ton zu treffen.

Wichtigstes Instrument der *Freien Sachsen* ist ihr Hauptkanal, auf den wir uns in der Analyse zunächst konzentrieren werden. Der Anspruch und das Versprechen der *Freien Sachsen* ist dabei, Motor und Kern des extrem rechten Umsturzes zu werden, wie sie an ihrem Gründungstag auf Telegram postulieren: »Folgt jetzt den FREIEN SACHSEN bei Telegram: Wir vernetzen die Opposition im Freistaat!« (27.02.2021, FS Hauptkanal)[17]. Der Anspruch lautete früh, die »größte Telegram-Informationsplattform Sachsens« zu sein (21.07.2021, FS Hauptkanal). Der Hauptkanal hat mit 150000 Abonnements die größte (potenzielle) Reichweite. Zwischenzeitlich waren auch die Views (zum Folgenden Kiess/Wetzel 2023a) – ein Maß für die Häufigkeiten mit der Beiträge tatsächlich angesehen wurden – sehr hoch. Am 24. Januar 2022 etwa erreichte ein Kanalpost 967000 Views (hier und im Folgenden Stand 19.01.2023), der die Behauptung des damaligen Bautzner Vize-Landrat weiterverbreitete, dass die Impfpflicht im Gesundheitswesen im Kreis Bautzen nicht durchgesetzt werden würde. Mit 636000 Views erhielt am 28. Dezember 2022 ein Kanalpost zur Forderung des sächsischen Landeschefs der *Gewerkschaft der Polizei (GdP)*, Spaziergänge und nicht-stationäre Versammlungen in Sachsen wieder zu erlauben, die zweitgrößte Aufmerksamkeit. Ein Post zur Ankündigung mög-

17 Hier und im Folgenden zitieren wir Telegram-Nachrichten aus unserem Datensatz immer mit Datum und Nennung des Kanals.

licher Lockdowns und Schulschließungen im Herbst 2021 durch den Ministerpräsidenten Michael Kretschmer vom 15. Juni 2021 erhielt 627 000 Views. Im Durchschnitt stieg die Zahl der Views pro Post parallel zu den Abonnements bis etwa Januar 2022 immer weiter auf etwa 110 000, erreichte aber nie die Zahl der Abonnements (150 000). Obwohl die Nachrichten der *Freien Sachsen* immer auch an Nicht-Abonnement:innen weitergeleitet wurden, schauten sich vermutlich also nie alle diese Nachrichten auch an. Bereits im Januar 2023 bewegten sich die Views nur noch zwischen 60 000 und 70 000. Das zeigt, dass der Kanal und damit die *Freien Sachsen* den Krisen- und Protestzyklen folgend zwischenzeitlich wieder an Bedeutung verloren hatten.

Auch deshalb wurden immer wieder neue Kanäle ins Leben gerufen, die eine regionalspezifischere Ansprache erlauben soll (siehe Tabelle 1), unter anderem kombiniert mit dem Versuch, (offline) Stammtische zu organisieren (z. B. 20. 08. 2021, FS Hauptkanal). In unserem Sample wurden im Zeitraum vom 25. April 2020 bis zum 10. November 2023 insgesamt 40 603 Nachrichten in 24 Kanälen gepostet, die wir den *Freien Sachsen* zuordnen. Dazu zählen regionale Kanäle, Kanäle der (angeblichen) Jugendorganisation *Freie Jugend* sowie Namenskanäle einzelner Protagonisten wie Michael Brück, Martin Kohlmann und Stefan Hartung. Kohlmann, das lässt die niedrige Gesamtzahl an Posts vermuten, ist nur sporadisch mit dem personalisierten Account aktiv. Michael Brück legte zwischen dem 15. Dezember 2020 – in einem Repost diesen Datums wird ein »emotionale[s] Interview [...] über seine Beweggründe und Erfahrungen«, von Dortmund nach Chemnitz zu ziehen, beworben – bis zum 23. Oktober 2021 – ein Repost einer Trauerbekundung zum Tod des Dortmunder Neonazis Siegfried Borchardt – eine lange Sendepause ein. Etwas regelmäßiger postet er erst seit Oktober 2022 wieder.

Die Agitationsstrategie folgt klassischen Mustern (vgl. Löwenthal 1990): In aggressivem Ton werden demokratische Politiker:innen als autoritär und diktatorisch dargestellt und im selben Atemzug die eigenen Positionen als alleiniger Volkswille präsentiert. Mit der Umkehrung der Begriffe Demokratie und Diktatur werden die Unterschiede zwischen beiden eingeebnet und die eigene Ideologie verharmlost. Die Forderung, die Zukunft Sachsens müsse unter Einbezug des sächsischen Königshauses gestaltet werden, mag bizarr erscheinen, ist aber durchaus ernst gemeint, insofern sowohl die parlamentarische Demokratie als auch der westliche Liberalismus

Tabelle 1: Übersicht der den Freien Sachsen zugeordneten Telegram-Kanäle

Kanal	Anzahl Nachrichten
Freie Sachsen	6426
Freie Sachsen Königshain-Wiederau	6899
Freie Jugend 🕊️🏴	4058
FREIE SACHSEN – Oberlausitz	3795
Sachsenkanal – Sender Freies Sachsen	3545
FREIE SACHSEN LK Zwickau	2957
FREIE SACHSEN Mittelsachsen	1882
Freie Sachsen Elbflorenz 🤍🩶 Region Dresden	1707
⚒️ Freie Erzgebirger ⚒️	1500
Freie Sachsen – SOE (Der Kanal)	1156
Peter Schreiber	1090
Freie Sachsen Vogtland	1080
Freie Sachsen – Nordsachsen	879
Freie Sachsen Leipzig	715
FREIE SACHSEN – LK Meißen	578
Stefan Hartung	456
FREIE SACHSEN – Leipziger Land	441
Freie Jugend – Sachsen 🕊️🏴	439
Team Schreiber – klagt an !	322
Freie Sächsische Jugend – INFOKANAL	217
Michael Brück	206
Freie Jugend Leipzig 🕊️	86
SÄXIT – Vision für Sachsen und ganz Mitteldeutschland	81
Martin Kohlmann	49
Freie Sachsen Freital	39

QUELLE: EIGENE DARSTELLUNG, STAND 10. NOVEMBER 2023.

und Universalismus verachtet werden (siehe ausführlicher dazu Kapitel 4). Die *Freien Sachsen* agitieren gegen Covid-19-Impfungen wie auch gegen Testpflichten, versuchen aber über diese Türöffner-Themen vor allem ihr eigentliches Anliegen – ein Widerstandnarrativ gegen eine angebliche »Diktatur« – zu popularisieren. Auffällig sind die konsequente Bezugnahme auf die Montagsdemonstrationen 1989 (Kiess/Wetzel 2022a) sowie die Kanalisierung der Wut auf einzelne Personen, allen voran den Ministerpräsidenten Michael Kretschmer. Gezielte Geschmacklosigkeiten gegen Politiker:innen sollen politische Gegner:innen provozieren, mediale Aufmerksamkeit generieren und das eigene Klientel anheizen. Sie führen zu einer Verrohung und Enthemmung, die ideologisch zentral und für den ersehnten Aufstand unabdingbar ist.

Das Zusammenspiel aus Telegram-Propaganda und tatsächlicher Präsenz auf der Straße ist explizit Strategie (Kiess et al. 2022: 6) und entfaltete im Herbst und Winter 2021/22 eine bemerkenswerte Dynamik: Die Proteste auf der Straße sorgten durch deren Erwähnung in den Medien (was auch den sächsischen Ministerpräsidenten aufmerksam machte) für einen Zuwachs der Abonnements des Hauptkanals auf Telegram (Abb. 8, siehe auch Kiess et al., 2022: 12). Gleichsam werden auf dem Kanal regelmäßig Demonstrationsaufrufe und -ankündigungen (auch anderer Gruppierungen) gepostet (siehe Kapitel 4), wobei die Vermutung naheliegt, dass Aktivisten der *Freien Sachsen* gezielt zu den Veranstaltungen gehen, um im Anschluss mit dramatischen Erzählungen unterlegte und mit Logo versehene Videomitschnitte wiederum auf dem Kanal platzieren zu können. Die *Freien Sachsen* verknüpfen somit effektiv ihre Online- und Offline-Strategien.

Ein weiterer Aspekt des Erfolgs des *Freie-Sachsen*-Hauptkanals ist seine Stellung im Netzwerk beziehungsweise die Netzwerk- und Bündnisfähigkeit der *Freien Sachsen*. Die thematische Arbeit ist strategisch immer wieder auf Konsensbildung in der extremen Rechten ausgerichtet, selbst bei Themen, die zwischen den verschiedenen Strömungen durchaus traditionell konfliktträchtig sind, wie etwa die Haltung gegenüber Russland. Um dies zu veranschaulichen, ist in Abbildung 9 das Netzwerk aller Kanäle in dem uns zur Verfügung stehenden Telegram-Datensatz für den Zeitraum von Januar 2022 bis Mai 2022 dargestellt. Jede Verbindungslinie stellt (mindestens) eine Weiterleitung dar. Die Knotenpunkte sind dabei unterschiedlich geformt, je nach Positionierung des jeweiligen Kanals zu Russlands Krieg in der Ukraine: Die *Freien Sachsen* bilden den mit Abstand wichtigsten Knotenpunkt im Netzwerk, sie wirken dabei selbst bei solch kontroversen Themen integrativ. Inhaltlich gelingt ihnen das Brückenbauen – und letztlich die Durchsetzung der Perspektive der Putin-Propaganda (Abb. 11, S. 104) – mit dem Verweis auf eine globale Verschwörung, deren Opfer Russ:innen und Ukrainer:innen gleichermaßen, vor allem aber die Deutschen sind. Damit ist der eigentliche Feind (die Verschwörung der Eliten) des Volkes benannt und der Anti-Slawismus von NPD/*Die Heimat*, *III. Weg* und anderen traditioneller ausgerichteten extrem Rechten wird sekundär zugunsten des Anti-Amerikanismus und kaum verhohlenen Antisemitismus.

Doppelmitgliedschaften und Verhältnis zu anderen Parteien

Um Mitglied der AfD zu werden, so steht es auf der parteieigenen Internetseite, darf man kein Mitglied einer konkurrierenden oder »extremistischen« Partei sein und muss sich vorbehaltlos zur freiheitlich-demokratischen Grundordnung bekennen. War man zu einem früheren Zeitpunkt Mitglied einer »extremistischen« Partei, dann sei man verpflichtet, dies beim Mitgliedsantrag anzugeben.[18] Es ist dann möglich, dass die Aufnahme in die AfD verwehrt wird. Diese Regelung ist einigermaßen absurd, als die AfD selbst zweifelsfrei zur extremen Rechten der Bundesrepublik zu zählen ist und sie in unseren Augen in dieser eine zentrale Rolle spielt (siehe Kapitel 1). Dieser Auffassung sind inzwischen auch einige Landesämter für Verfassungsschutz gefolgt und auch Bundesbehörden prüfen zumindest, ob die AfD selbst als rechtsextremer Verdachtsfall behandelt werden sollte. Ungeachtet dessen führt die AfD eine Unvereinbarkeitsliste, die 13 Seiten umfasst und die mehr als 250 extrem rechte Parteien und Gruppen auflistet, deren Mitgliedschaft einer Aufnahme in die AfD entgegensteht (Stand: 13.01.2024). Die AfD macht damit weiter, was in der extremen Rechten und auch darüber hinaus bisher meist die Regel war: Sie beansprucht für sich einen alleinigen Führungsanspruch und möchte sich von den zu offensichtlich neonazistischen Parteien formell abgrenzen. Dies wiederum führt dazu, dass zahlreiche Funktionär:innen und Aktivist:innen der extremen Rechten in der Partei keine Karriere machen können, obwohl sie die Ansichten und Ziele der AfD teilen. Die *Freien Sachsen* folgen einer Strategie, die diesem Ansatz diametral gegenübersteht. Doppelmit-

18 Vgl. Online: https://www.afd.de/mitglied-werden (zuletzt abgerufen am 13.01.2024).

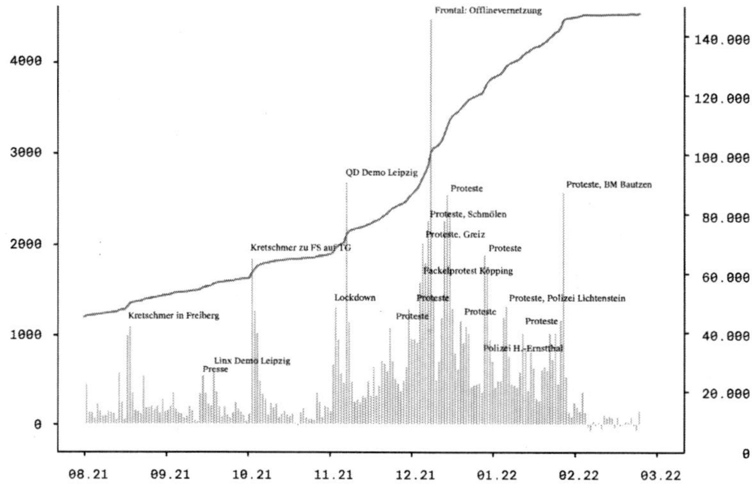

Abbildung 8: Wachstum der Abonnementzahlen des Hauptkanals der Freien Sachsen von August 2021 bis März 2022 (linke Achse: täglicher Zuwachs; rechte Achse: Gesamtzahl der Abonnements) QUELLE: KIESS ET AL. 2022: 12.

gliedschaften sind bei den *Freien Sachsen* nicht nur erlaubt, sondern sie sind ausdrücklich erwünscht. Immer wieder betonen die Protagonisten der Partei, dass dies die Stärke der *Freien Sachsen* ausmache und sie sich hierin von anderen rechten Parteien und Gruppen unterscheiden. In seiner Rede zur Gründung der *Freien Sachsen* am 26. Februar 2021 in Schwarzenberg sagte Parteichef Kohlmann:

> »Diese Vielzahl, diese Verschiedenheit ist gut und die soll auch so bleiben. Und wir wollen auch heute überhaupt nicht das Ziel verfolgen, dass alles in einem Einheitsbrei aufgehen zu lassen. Nein. Was wir heute machen wollen, ist ein Dach darüber zu bauen, wo sich alle die, die mit dieser staatlichen Bevormundung, die gerade einen Höhepunkt erreicht, wie in den letzten tausend Jahren nicht, die sich damit kritisch auseinandersetzen und eine gemeinsame Organisationsbasis, eine Aktionsbasis schaffen.«[19]

Die bereits bestehenden extrem rechten Parteien, wie *Die Heimat* (vormals NPD), *III. Weg*, *Die Rechte*, *Pro Chemnitz* oder auch die neu

19 Rede von Martin Kohlmann in Schwarzenberg, 26.02.2021.

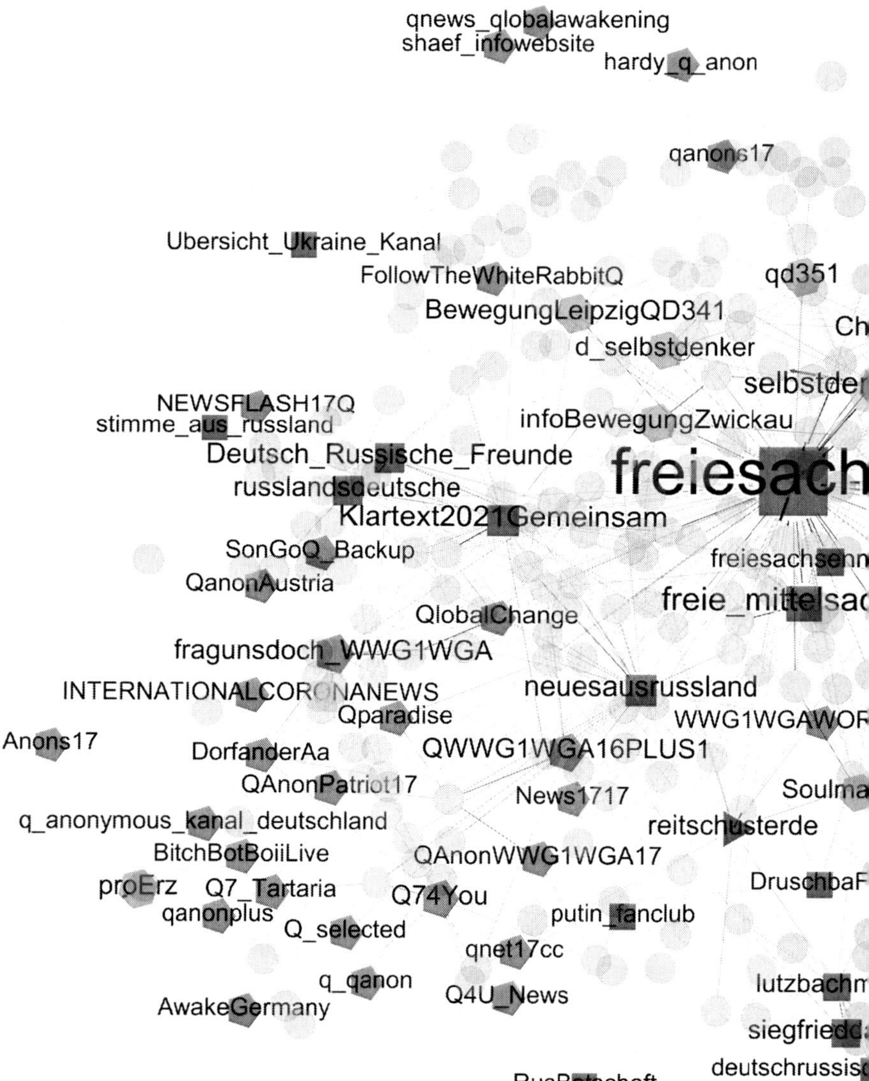
qnews_globalawakening
shaef_infowebsite
hardy_q_anon
qanons17
Ubersicht_Ukraine_Kanal
FollowTheWhiteRabbitQ
qd351
BewegungLeipzigQD341
Ch
d_selbstdenker
selbstde
NEWSFLASH17Q
stimme_aus_russland
infoBewegungZwickau
Deutsch_Russische_Freunde
freiesach
russlandsdeutsche
Klartext2021Gemeinsam
SonGoQ_Backup
freiesachsen
QanonAustria
freie_mittelsac
QlobalChange
fragunsdoch_WWG1WGA
INTERNATIONALCORONANEWS
neuesausrussland
Qparadise
WWG1WGAWOR
Anons17
DorfanderAa
QWWG1WGA16PLUS1
QAnonPatriot17
News1717
Soulma
q_anonymous_kanal_deutschland
reitschusterde
BitchBotBoiiLive
QAnonWWG1WGA17
proErz
Q7_Tartaria
DruschbaF
Q74You
qanonplus
putin_fanclub
Q_selected
qnet17cc
q_qanon
lutzbachm
AwakeGermany
Q4U_News
siegfried
deutschrussis
RusBotschaft

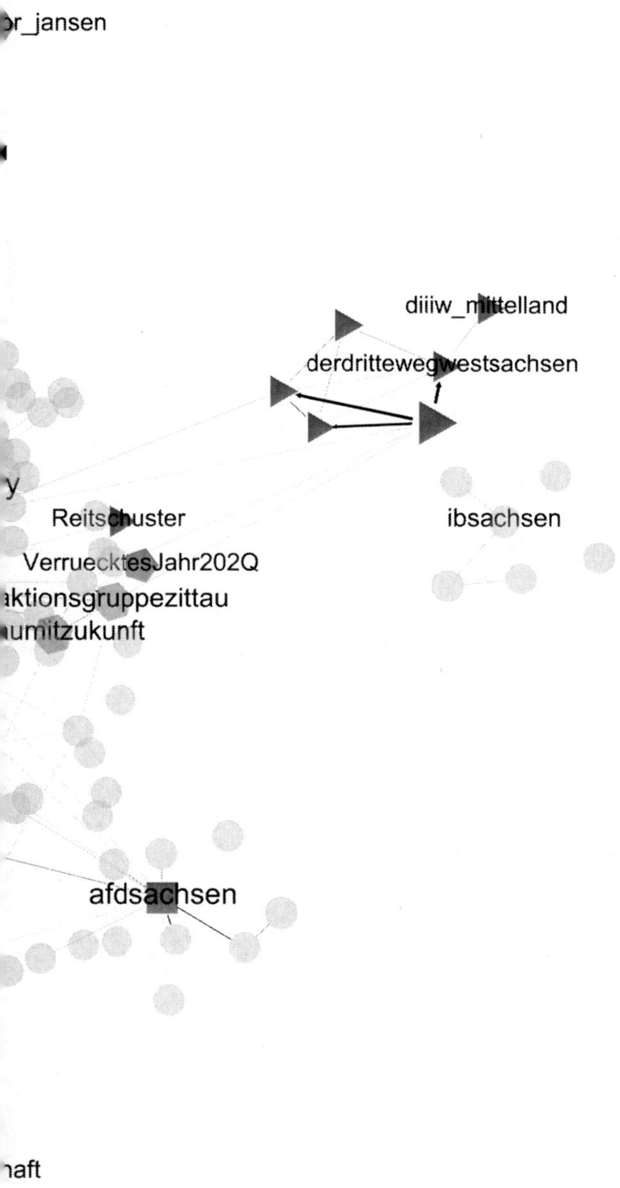

Abbildung 9: Verlinkungen zwischen extrem rechten und verschwörungsideologischen Kanälen in Sachsen (Netzwerkdiagramm) **QUELLE: KIESS/WETZEL (2022B).**
Legende: Quadrat = prorussisch, Dreieck = proukrainisch, Fünfeck = QAnon, Kreis = unklar

entstandene *Die Basis* im *Querdenken*-Milieu werden durch die *Freien Sachsen* nicht etwa abgelöst und ersetzt, sondern ihnen wird ein Dach angeboten, unter welchem sie als eigenständige Organisation weiterhin existieren können. Der Stellvertretende Vorsitzende der *Freien Sachsen* Stefan Hartung betont: »Wir wollen nicht die klassischen Parteistrukturen mit ständigen Parteitagen und diesem ganzen bürokratischen Aufwand und so weiter. Wir wollen ja eigentlich eine Bewegung sein und nutzen da eben den rechtlichen Rahmen einer Partei.«[20] Er verweist auf »richtig gut funktionierende Netzwerke« verschiedener Akteure, die bereits seit den Anti-Asyl-Protesten 2014/15 existieren und in der Zeit der Corona-Pandemie noch einmal gewachsen sind. Anders als bei der NPD, die in ihrem oben beschriebenen Vier-Säulen-Konzept mit dem »Kampf um den organisierten Willen« eine Hegemonie und einen Alleinstellungsanspruch der Partei beanspruchte, stellen sich die *Freien Sachsen* als ergänzendes Netzwerk zur Verfügung. Dabei wird immer wieder betont, dass es keine Unvereinbarkeitslisten und keine Distanzierungen von anderen extrem rechten Kräften gebe.

Eine Reihe von Personen, die bei den *Freien Sachsen* aktiv sind, sind gleichzeitig Mitglied der Partei *Die Heimat* (vormals NPD). Das Verhältnis zur Partei *Die Heimat* ist überwiegend von gegenseitiger Zustimmung und Unterstützung geprägt. So sagte der *Freie-Sachsen*-Vize Stefan Hartung im März 2023, dass gerade heute deutlich werde, dass die Ziele und die Programmatik der NPD von immer größerer Bedeutung werden. Gleichzeitig habe man aber auch erlebt, dass sich die NPD in ihrer zweiten Legislatur im sächsischen Landtag von der Basis entfernt und die falschen thematischen Schwerpunkte gesetzt habe. Zu sehr habe man sich in der eigenen Blase bewegt. Die enge Verbindung zur Partei *Die Heimat* wird auch dadurch deutlich, dass der erste größere mediale Auftritt der Parteigründer Stefan Hartung, Thomas Kaden und Martin Kohlmann im März 2021 im (damals noch) NPD-Medium »Deutsche Stimme-TV« stattfand. In einem Gespräch mit NPD-Landeschef Peter Schreiber erklärten die *Freien Sachsen* ausführlich, welche Ziele sie verfolgen würden und warum es zur Gründung kam. Andere klassische extrem rechte Parteien, wie die neonazistische Kaderpartei *Der III. Weg*, nehmen teilweise an den Aktionen der *Freien Sachsen* mit eigenen Bannern und Plakaten teil. Dies war in der Vergangenheit unter anderem bei asylfeindlichen Demonstrationen in Dresden sichtbar. Die Aufmärsche waren angemeldet, organisiert und angeführt von den *Freien Sach-*

20 Sonntagsgespräch am 19.03.2023.

sen. Im Demonstrationszug liefen dann aber auch ein Dutzend Anhänger:innen des *III. Weges* in Parteikleidung mit und verteilten von der *Freie-Sachsen*-Demonstration ausgehend ihre eigenen *III.-Weg*-Flyer in Briefkästen und an Passant:innen entlang der Route.

Die *Freien Sachsen* entwickeln sich allerdings zumindest auf kommunaler Ebene zu einer ernsthaften Konkurrenz für die AfD. Dies führt teilweise zu einem angespannten Verhältnis zwischen beiden Parteien. Darüber hinaus macht der Machtanspruch der AfD Absprachen zumindest schwierig, wenn sie auch in Einzelfällen bereits umgesetzt werden mögen. Der Bundesvorstand der AfD hat bereits im Februar 2022 beschlossen, die *Freien Sachsen* auf die Unvereinbarkeitsliste zu setzen. Daraufhin gab es Kritik von einzelnen AfD-Funktionären aus ostdeutschen Bundesländern. Trotz dieses Beschlusses traten AfD-Funktionäre und Protagonisten der *Freien Sachsen* dann aber wiederholt gemeinsam auf. So sprach der Thüringer AfD-Parteichef Björn Höcke am 3. Oktober 2022 bei einer Demonstration in Gera auf der gleichen Bühne wie *Freie-Sachsen*-Chef Martin Kohlmann. Im Dezember 2022 ist der sächsische AfD-Landtagsabgeordnete Ivo Teichmann aus der AfD ausgetreten und hatte dies unter anderem damit begründet, dass es in seiner Partei eine unzureichende Abgrenzung zu den neonazistischen *Freien Sachsen* gebe. Als der sächsische AfD-Landeschef Jörg Urban im Dezember 2023 auf einer *Pegida*-Bühne in Dresden gesprochen hatte, dominierten unter den Teilnehmenden die Fahnen der *Freien Sachsen*. Diese hatten im Vorfeld dazu aufgerufen, an der Demonstration mit Urban teilzunehmen. Die AfD-Bundestagsabgeordnete Caroline Bachmann hielt am 8. Januar 2024 in Dresden eine Rede auf einer Demonstration der *Freien Sachsen*. An dieser Demonstration nahm mit Karsten Hilse ein weiterer Bundestagsabgeordneter der AfD teil. In der neonazistischen Zeitschrift *N. S. Heute* sagte Robert Andres im Herbst 2023:

> »Wir sind bereits jetzt in vielen kommunalen Gremien vertreten, dort arbeiten wir teilweise mit AfD-Vertretern zusammen. Grundsätzlich ist die Parteibasis der AfD offen für eine Zusammenarbeit, doch je höher die Ebene reicht, desto schwieriger wird es. Gerade ganz oben ist die AfD eher von Konkurrenzangst besessen, als in uns einen möglichen Kooperationspartner zu sehen, der bei vielen Themen eine ähnliche Ansicht vertritt.«[21]

21 Erstveröffentlichung in N. S. Heute #37; September/Oktober 2023.

Das Verhältnis der *Freien Sachsen* zur AfD ist in diesem Sinne immer wieder von Annäherung und Abgrenzung geprägt. In der mittelsächsischen Kleinstadt Kriebethal marschierten über viele Wochen zahlreiche Asylgegner:innen gegen die Aufnahme einiger unbegleiteter, minderjähriger Geflüchteter im Ort auf. Die regelmäßigen Demonstrationen waren zu verschiedenen Zeitpunkten abwechselnd von regionalen AfD-Funktionären und von Akteuren der *Freien Sachsen* angemeldet. Unabhängig vom jeweiligen Anmelder war stets das gleiche Klientel auf der Straße, dass ein gemeinsames Ziel verfolgte. Auch an anderen Orten im Bundesland war und ist es keine Seltenheit, sondern eher die Regel, dass Fahnen und Transparente der AfD und der *Freien Sachsen* auf einer Demonstration gemeinsam getragen werden.

Die Arbeit der AfD wird von einzelnen Protagonisten der *Freien Sachsen* sogar immer mal wieder anerkennend erwähnt. So sagte Parteivize Stefan Hartung am 8. Januar 2024 in Aue:

> »Ich denke, liebe Freunde, wir haben es in den letzten Jahren mit allen möglichen Mitteln versucht, innerhalb dieses Gebildes Veränderungen herbeizuführen. Es sitzt seit 2017 eine alternative Partei im Bundestag, die dort ehrhaft, mit guten Argumenten gegen diese, ja, Wand dort andiskutiert, die dort gute Vorschläge einbringt und versucht für unser Land Veränderungen herbeizuführen. Wir haben dasselbe in verschiedenen Landtagen und wir erleben, dass es alles abgeblockt wird, dass alles in diesem Land einfach ignoriert wird, was andere Meinungen behandelt.«[22]

Martin Kohlmann bietet der AfD in verschiedenen Äußerungen immer wieder eine Zusammenarbeit an und spielt in seiner Neujahrsansprache 2024 mit der Option, dass man nach den Landtagswahlen mit der AfD koalieren könnte. Gleichzeitig verstehen sich die *Freien Sachsen* auch als rechte Opposition zur AfD, die eine gewisse Macht in Bezug auf die Dynamik auf den Straßen entfalten und so die AfD unter Druck setzen kann. Bei einem der Sonntagsgespräche der *Freien Sachsen* betont Michael Brück im Mai 2023: »Sollte die AfD in Sachsen wirklich mit der CDU koalieren, dann wird die AfD in uns ihren stärksten Widersacher finden.«[23] Anhand einzelner Ereignisse und Äußerungen kommt es in sozialen Medien und auf Telegram immer wieder zu kleineren verbalen Sticheleien zwischen

22 Stefan Hartung am 08.01.2024 in Aue.
23 Sonntagsgespräch am 28.05.2023.

den *Freien Sachsen* und der AfD. Zu beobachten war dies unter anderem im mittelsächsischen Waldheim, wo es nach den Äußerungen eines kommunalen AfD-Abgeordneten gegenüber den dortigen Demonstrationen in den Telegram-Gruppen der *Freien Sachsen* heftige Anschuldigungen gegenüber der AfD gab. Ähnliche Situationen waren auch in Dresden in der Vergangenheit auf kommunaler Ebene zu beobachten. Aufgrund dessen, dass beide Parteien in ähnlichen Milieus um Wähler:innen kämpfen, dürfte diese ambivalente Situation sich auch in Zukunft nicht vollständig auflösen lassen.

Verhältnis zu Wahlen und Parlamentsarbeit

Anders als die Kleinstpartei *III. Weg*, die das Parteienprivileg vor allem als Schutz vor Vereinsverboten zu nutzen scheint, streben die *Freien Sachsen* durchaus ernsthaft Mandate an. Sitzen einige Protagonisten bereits für *Pro Chemnitz* oder die NPD in kommunalen Parlamenten, traten die *Freien Sachsen* 2022 das erste Mal selbst bei den Landrats- und Bürgermeisterwahlen an. Sie konnten zwar kein Mandat erringen, die Ergebnisse (Abb. 10) zeigen aber eine beachtliche lokale Unterstützung für eindeutig extrem rechte Bewerber:innen. In allen drei Wahlkreisen zur Landratswahl, in denen die *Freien Sachsen* antraten, konnten sie ein zweistelliges Ergebnis erzielen. In Nordsachsen, wo die AfD keinen eigenen Kandidaten ins Rennen geschickt hatte, bekam die Landratskandidatin der *Freien Sachsen* sogar eine Zustimmung von 20 Prozent der abgegebenen Stimmen. Diese Ergebnisse zeugen davon, dass die *Freien Sachsen* zumindest außerhalb der Großstädte durchaus dazu in der Lage sind, eine beachtenswerte Zahl von Wähler:innen zu mobilisieren. Und der Sieg des von der AfD unterstützten Tim Lochner bei der Oberbürgermeisterwahl in Pirna im Dezember 2023 spornte die *Freien Sachsen* für die Kommunalwahlen 2024 noch einmal an, »die kommunale Ebene weiß-grün [einzu]färben« (18. 12. 2023, FS Hauptkanal).

Immer wieder fordern die Protagonisten der *Freien Sachsen* ihre Mitglieder und Anhängerschaft dazu auf, zu den Kommunalwahlen anzutreten. Auf der kommunalen Ebene ist es weitaus einfacher, Mandate zu erringen, als dies beispielsweise bei Landtags- oder Bundestagswahlen der Fall ist. Das politische System ist hier also relativ offen für Neugründungen. Zudem – und dies hatte bereits die NPD zur Jahrtausendwende erkannt – ist eine kommunale Verankerung eine gute Basis, um bei Wahlen auf der nächst höheren Ebene erfolgreich zu sein. In Gemeinderäten, Stadträten und Landkreistagen geht es oft nicht um große, ideologisch aufgeladene Themen, sondern um Straßenbeleuchtung, Gehwegsanierung, einen Fahrradweg oder die Ausstattung der Freiwilligen Feuerwehr. Die »unpolitische« Kommunalpolitik eröffnet extrem rechten Akteuren Möglichkeitsräume, sich als ganz normale, am Wohl der Gemeinde orientierte Kommunalpolitiker:innen zu profilieren (Kiess et al. 2024). Eine Abgrenzung zu Neonazis fällt im kommunalpolitischen Diskurs um den Neubau eines Kindergartens deutlich schwerer als bei einer Bundestagsdebatte zur Änderung des Asylrechts. Es besteht mithin ein Dilemma für kommunale, an Konsenslösungen orientierte Aushandlungsprozesse gegenüber der extremen Rechten: Eine konsequente Ablehnung und ein Ausschluss in diesen Debatten hilft den extrem rechten Akteuren bei der Konstruktion ihrer Opferrolle. Die Einbeziehung bei diesen Aushandlungsprozessen auf kommunaler Ebene trägt wiederum massiv zur Verharmlosung und Normalisierung der extremen Rechten und ihrer Inhalte bei.

Die Überlegungen der *Freien Sachsen* gehen aber weiter und man ist sich der Ressourcen durchaus bewusst, die schon kommunale Mandate bedeuten können. Martin Kohlmann betonte entsprechend bei seiner Neujahrsansprache im Wahljahr 2024:

> »Ich werde es nicht müde zu wiederholen: Wir beteiligen uns an Wahlen, weil uns diese Positionen, in die man da gelangen kann, Zugang zu Informationen bietet, die wir sonst nicht bekommen. Und während man sonst eben drauf angewiesen ist, was so ein Politiker mal aus Versehen sagt oder was in den gleichgeschalteten Medien kommt, so hat man in so einem Stadtrat, in einem Kreistag die Möglichkeiten, sich Informationen zu erzwingen, die man braucht, die man braucht für die politische Arbeit und die vor allem die Leute draußen interessieren.«[24]

Der extremen Rechten geht es bei ihrer Mitarbeit in kommunalen Gremien also auch darum, an Informationen zu gelangen, die ihnen für ihre politische Arbeit nutzen. Diese Informationen können sehr unterschiedlicher Natur sein. Zum einen kann es darum gehen, zu einem sehr frühen Zeitpunkt zu erfahren, wann und wo in einem Ort Geflüchtete untergebracht werden sollen. Dies wird dann zum An-

24 Martin Kohlmann in Bernsdorf, 07. 01. 2024.

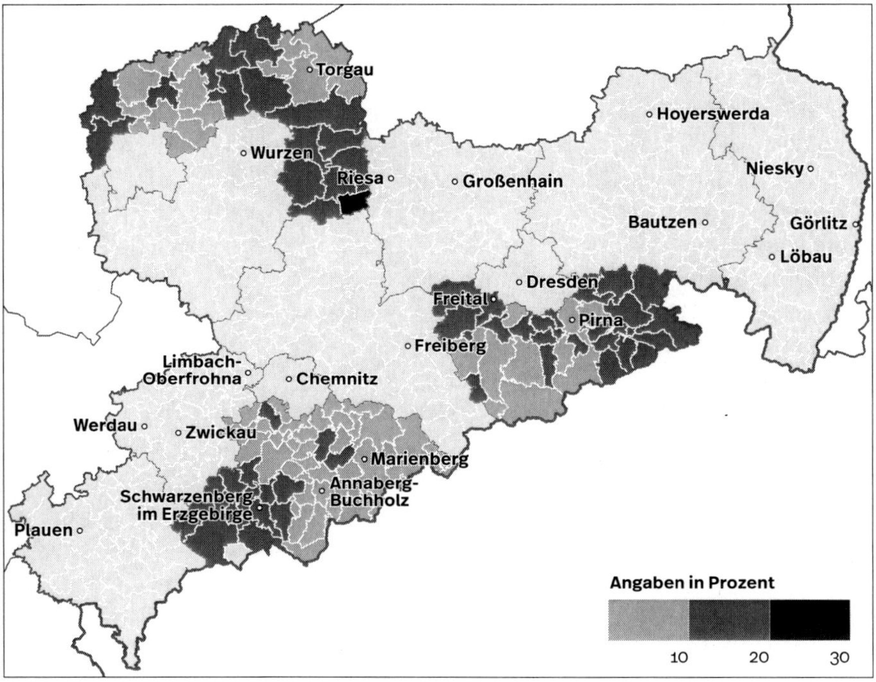

Abbildung 10: Stimmenanteil der *Freien Sachsen* bei den Landratswahlen 2022 nach Gemeinden QUELLE: LANDESWAHLLEITER SACHSEN, URL: WWW.WAHLEN.SACHSEN.DE/LANDRATSWAHLEN-2022.HTML

lass genommen, um Stimmung zu machen. Es kann jedoch auch um Informationen zu baulichen Vorhaben gehen, die dazu genutzt werden können, um im Ort zu polarisieren, oder aber auch um Informationen über politische Gegner:innen, die über Kleine Anfragen oder ähnliche Instrumente gesammelt werden. Letzteres ist auch deshalb gefährlich, weil rechtsmotivierte Gewalt und andere Formen der Einschüchterung der politischen Gegner:innen eine zentrale Rolle für die Raumnahmestrategien der extremen Rechten spielen.

Die Instrumente, die einer Fraktion in einem Stadtrat zur Verfügung stehen, werden von extrem rechten Akteuren auch dafür genutzt, Stadtverwaltungen damit zu beschäftigen, teilweise absurde Fragen zu beantworten. Ein Beispiel findet sich bei der Fraktion *Pro Chemnitz/Freie Sachsen* im Sommer 2023. Nachdem im Rahmen des »Christopher Street Days« (CSD) der Chemnitzer Tierpark eine Führung mit dem Schwerpunkt »Queere Tiere« angeboten hatte, wollten die *Freien Sachsen* von der Verwaltung unter anderem wissen, wie überprüft wird, welchem Geschlecht sich ein Tier beim Fortpflanzungsakt zugehörig fühlt. Zudem sollte die Verwaltung alle als queer identifizierten Tiere nach Tierart, auch die Namen (ggf. Spitznamen) der jeweiligen Tiere auflisten.[25] Anfragen dieser Art dienen den *Freien Sachsen* in erster Linie dazu, um bestimmte Themen an sich ins Lächerliche zu ziehen. Gleichzeitig wird die Verwaltung mit der Beantwortung beschäftigt und von für die Bevölkerung wichtigen Aufgaben abgehalten. Ein Mehrwert zur qualifizierten Ausübung des Mandates ist in diesen Störungen hingegen nur schwer zu erkennen.

Der wichtigste Punkt, so führt Kohlmann in seiner Neujahrsansprache weiter aus, warum seine Partei an Wahlen teilnehmen und kommunale Mandate besetzen solle, sei, dass man nach einer politischen Wende Personal brauche, welches die Kommunalverwaltung im eigenen Sinne übernehmen könne. Er meint: »Wir müssen in jedem Kreis und in jeder Stadt Leute haben, die sich mit kommunalen Haushaltssatzungen auskennen, die sich mit Straßenbauvorhaben auskennen, denn das wird es auch später wieder geben.« Anhänger:innen der *Freien Sachsen* sollen die nötigen Erfahrungen sammeln, um einen neuen Staat zu verwalten und die Geschäfte zu führen: »Vom Grundsatz her wird es auch dann noch eine Gemeindeverwaltung geben. Und deswegen muss es auch Leute geben, die diese beherrschen können, und das werden nicht die sein, die es jetzt sind. Das müssen wir sein und dazu müssen wir uns vorbereiten, indem wir jetzt schon mal da reinschnuppern.«[26]

In den kommunalen Parlamenten hat die extreme Rechte jedoch auch immer wieder die Möglichkeit, die eigenen politischen Ansichten einzubringen und zur Delegitimierung der bestehenden demokratischen Ordnung beizutragen. Wenn in den kommunalen Gremien aufgrund knapper Ressourcen und begrenzter gesetzlicher Rahmenbedingungen oder aus anderen Gründen eine Frage nicht im gewünschten Sinne entschieden werden kann, dann bietet dies eine hervorragende Möglichkeit, »gegen die da oben« und »das System« zu wettern. Die Verantwortung lässt sich im politischen Mehrebenensystem sehr leicht auf höhere Ebenen verschieben, so dass Dresden, Berlin oder Brüssel synonym für das bestehende politische System die Schuld gegeben werden kann.

Die *Freien Sachsen* haben wie andere extrem rechte Parteien auch ein rein instrumentelles Verhältnis zu Wahlen und zur Arbeit in

25 Drucksache IA-207/2023 der Stadt Chemnitz.
26 Martin Kohlmann in Bernsdorf, 07.01.2024.

den Parlamenten. Auch daraus machen die Protagonisten der Partei keinen Hehl. Der Parteivorsitzende Kohlmann erklärte Anfang Januar 2024: »Es ist nicht der Grund dafür, dass wir an Wahlen teilnehmen, dass wir an dieses System glauben und der Meinung sind, durch Stimmabgabe und solche Dinge sind große Veränderungen möglich. Dafür sorgen die schon. So ist das System schon gebastelt, so dass man es nicht mit seinen eigenen Mitteln überwinden kann.«[27] Und bei einem der Sonntagsgespräche der *Freien Sachsen* fragt Moderator Andreas Hofmann im Mai 2023: »Glaubt ihr noch an die Demokratie? Glaubt ihr wirklich daran, dass es reale Wahlen gibt oder wird hier manipuliert?« Der *Freie-Sachsen*-Aktivist Michael Brück antwortet auf diese Frage: »Also ich persönlich habe noch nie an die Demokratie, wie sie hier in dem Staat gepredigt wird, geglaubt. (...) Man sieht ja offenkundig, dass wir keine Mitbestimmung haben.«[28] Deutlich wird in solchen und ähnlichen Aussagen, welche instrumentelle Rolle Wahlen und Parlamentarismus in der Strategie der *Freien Sachsen* spielen. Denn den *Freien Sachsen* geht es letztlich immer um die grundsätzliche Überwindung der demokratischen, politischen Ordnung.

Die Mischung macht es

Die Strategie der *Freien Sachsen* lässt sich anhand folgender Punkte zusammenfassen: Sie tauchen gezielt dort auf, wo es knallt oder knallen könnte. Mit den zahlreichen Demonstrationen verfolgen sie nur beiläufig das Ziel, inhaltliche Anliegen voranzubringen. Vor allem geht es darum, Dominanz auf der Straße zu suggerieren und zu sichern sowie die Illusion einer eigenen Mehrheit für die Anhängerschaft aufzubauen. Gleichermaßen soll Unruhe gestiftet, sollen Mitglieder bei der Stange gehalten und politische Gegner:innen eingeschüchtert werden. Dabei sind die *Freien Sachsen* zwar auch als Organisator:innen von Demonstrationen aktiv. Der überschaubare Kreis an Aktivist:innen ist aber eher daran interessiert, als Katalysator lokaler Stimmungen und Proteste zu wirken. Das Ineinandergreifen von Online- und Offline-Elementen ist bisher von keiner extrem rechten Gruppierung ähnlich effektiv wie von den *Freien Sachsen* umgesetzt worden. Dazu gehört auch das Marketing- und Merchandisingkonzept, das mit klarer Farbensprache, niedrigschwelligem Angebot und überlegter Platzierung doch einen gewissen Professionalisierungsgrad aufweist. Bei all dem ist der Bewegungsgedanke

27 Ebd.
28 Sonntagsgespräch am 28.05.2023

zentral für die Strategieüberlegungen der *Freien Sachsen*, was sie auch immer wieder selbst hervorheben. Diese Positionierung hebt sie deutlich von anderen extrem rechten Parteien wie der NPD/*Die Heimat* oder der AfD ab, die bisher immer einen Alleinvertretungsanspruch in Bezug auf die »nationale Idee« proklamierten.

Ähnlich agil und strategisch kalkulierend nutzen die *Freien Sachsen* auch jedes Thema, das Eskalationspotenzial bietet (dazu im nächsten Kapitel mehr). Gezielt arbeiten sich die Nachrichten auf Telegram und Redner:innen auf den Demonstrationen an »denen da oben«, am Ministerpräsidenten, den *Grünen* oder der Bundesregierung ab. An einer inhaltlichen Auseinandersetzung ist ihnen dabei genauso wenig gelegen wie an einer konstruktiven Mitarbeit in der Kommunalpolitik. Mandate in Kommunalparlamenten sollen dazu dienen, für die spätere Machtübernahme Verwaltungsverfahren kennenzulernen, damit man nach der Machtübernahme genügend fähiges Personal habe. Schließlich bieten kommunale Mandate wichtige Informationszugänge, die wiederum für die Agitation auf der Straße und in den sozialen Netzwerken genutzt werden können.

Zwar sind auf den ersten Blick sicher der Telegram-Hauptkanal und die Demonstrationen der *Freien Sachsen* die wichtigsten strategischen Instrumente und es handelt sich insofern im Wortsinn um eine Protest- und Bewegungspartei. Allerdings sind diese beiden Instrumente in eine ganze Handvoll weiterer Strategieelemente eingebettet, die von einem offenbar verfangenden Marketingkonzept rund um sächsische Folklore bis hin zur instrumentellen Teilnahme an demokratischen Wahlen reichen. Diese Mischung – oder vielmehr: dass diese Mischung bei den *Freien Sachsen* zumindest zeitweise und in einem regionalen Kontext aufgeht – unterstreicht ihre Bedeutung für die extreme Rechte über Sachsen hinaus. Extrem rechte Akteure in anderen Bundesländern und auch in europäischen Nachbarländern werden versuchen, diese Strategien und ihre Mischung zu adaptieren.

Abbildung 11:
Demonstration der Freien Sachsen am 26. 09. 2022 in Chemnitz. FOTO: VUE.CRITIQUE

4. Ideologie und Propagandainhalte der Freien Sachsen

In diesem Kapitel analysieren wir sowohl die Ideologie als auch die thematisch breit angelegte, aber dennoch strukturierte Agitation der *Freien Sachsen*. Dabei ist es zunächst wichtig, zwischen den ideologischen Kernanliegen der *Freien Sachsen* als extrem rechter Kraft – insbesondere die Bekämpfung und Abschaffung der Demokratie sowie das völkisch-nationalistische Projekt einer ethnisch homogenen Gemeinschaft – einerseits und dem vorrangig strategischen – nicht beliebigen – Aufgreifen tagesaktueller Themen andererseits zu unterscheiden. Die Bewegungsforschung hat gezeigt, dass sich hinreichend abstrakte thematische Angebote, sogenannte *Masterframes*, dazu eignen, breiteren Einfluss zu entfalten und weitere Themen anzuschließen (Benford 2022). Wie der Titel dieses Buches bereits anzeigt, nutzen die *Freien Sachsen* – und über sie hinaus ihre Verbündeten in der extremen Rechten, aber auch spezifisch die Corona-Protestszene – Widerstand als *Masterframe*. Zunächst gehen wir auf Kernstücke der Ideologie der *Freien Sachsen* ein und zeigen, wie zentral dieser *Masterframe* ist. Im zweiten Schritt analysieren wir die thematische Breite in erster Linie im digitalen Raum auf Telegram und erörtern, wie diese doch immer wieder auf das Thema Widerstand reduzierbar bleibt.

Widerstand als Kern extrem rechter Umsturzideologie

Die Widerstandsrhetorik der *Freien Sachsen* ist keineswegs eine eigene Erfindung und bildet auch kein exklusiv in Sachsen verfangendes Motiv. Die große Wirkung, die mit dem Ruf nach Widerstand erzielt wird, beruht vielmehr auf einem in der extremen Rechten und darüber hinaus anschlussfähigen *Masterframe*. Tatsächlich ist in den letzten Jahrzehnten weltweit ein Rechtsruck zu beobachten, der meist mit dem Begriff Populismus verbunden wird. Wohl am meisten zitiert wird der Politikwissenschaftler Cas Mudde (2004), der Populismus definiert als »dünne Ideologie, die die Gesellschaft letztlich in zwei homogene und antagonistische Lager aufteilt, ›das reine Volk‹ gegen ›die korrupte Elite‹, und die argumentiert, dass die Politik ein Ausdruck des allgemeinen Volkswillens [volonté générale] sein sollte.« (Mudde/Kaltwasser 2017: 6, unsere Übersetzung) Jan-Werner Müller fasst Populismus als »ganz bestimmte Politikvorstellung, laut der einem moralisch reinen, homogenen Volk stets unmoralische, korrupte und parasitäre Eliten gegenüberstehen – wobei diese Art von Eliten eigentlich gar nicht wirklich zum Volk gehören.« (J.-W. Müller 2016: 42) Dabei ist der Populismus »nicht nur antielitär, er ist auch antipluralistisch«, formuliert also stets einen »moralische[n] Alleinvertretungsanspruch, welcher Populisten und deren Verhältnis zur Demokratie so problematisch macht.« (ebd.: 44) Das mythologisch überhöhte, als homogen gedachte Volk wird populistisch als »heartland« (Taggart 2000) konzipiert, als emotionaler Rückzugsort. Demokratietheoretisch steht diesem Anspruch die Auffassung entgegen, dass »das Volk [...] nur im Plural auf[tritt]« (Habermas 1992: 607). Im Folgenden werden wir zeigen, wie zentral das Narrativ des im Widerstand gegen die Eliten befindlichen Volkes für die *Freien Sachsen* und darüber hinaus für die extreme Rechte ist.

Schon der Name »Freie Sachsen« verweist auf den für den Populismus kennzeichnenden Dualismus zwischen rechtschaffendem Volk einerseits und korrupten Eliten andererseits (Mudde 2004; J.-W. Müller 2016). Konkret stehen »wir Sachsen« gegen die unfähigen, durch dunkle Mächte ferngesteuerten und gegen die Interessen des Volkes handelnden Politiker:innen und Eliten vor allem in Berlin. Hinter diesen allerdings stehen die Amerikaner, »Globalisten« und andere Mächtige – eine nur dürftig maskierte, antisemitische Verschwörungserzählung. Sie ist deshalb so erfolgreich, weil sie eine einfache Erklärung für komplexe gesellschaftliche Verhältnisse anbietet (Vobruba 2020). Auf einer Demonstration unter dem Motto »Ami go home« am 26. November 2022 beschwor Stefan Hartung die Teilnehmenden: »Aber heute hier geht es um das ganz Grundlegende, was unser Land in den Abgrund reißt, nämlich dass unser Land nicht frei ist, dass wir nach wie vor ein besetztes Land sind und dass die

Amerikaner uns aus Washington diktieren, was wir zu tun und zu lassen haben.« Statt komplexe Interessenkonstellationen, Marktprozesse und die fortschreitende Ausdifferenzierung moderner Gesellschaft zur Kenntnis zu nehmen, bieten einfache Schuldzuschreibungen Orientierung und Sinnstiftung. Populismus ist wie bereits erwähnt kein spezifisch sächsisches Phänomen, sondern ein »politischer Stil, der in einer Vielzahl von politischen und kulturellen Kontexten aufgeführt, verkörpert und umgesetzt wird« (Moffitt 2016: 3). Zu seiner Blüte gelangt er in einer gesellschaftlich-historischen Situation, in der Medien praktisch alle Sphären des Politischen durchdringen und Krisen endemisch geworden sind. In dieser Situation können politische Unternehmer:innen wie die *Freien Sachsen* insbesondere durch die Nutzung neuer Medientechnologien erfolgreich sein.

Die *Freien Sachsen* haben diesen politischen Stil für den Kontext Sachsen radikal umgesetzt: **a)** Die allgegenwärtige Sachsen-Folklore soll Volksnähe herstellen, wobei Sachsen als rein, deutsch und unangepasst an den modernen Zeitgeist – also als antimoderne Gegenthese zur modernen Demokratie – konstruiert wird. **b)** Die gezielte Markierung und Herabwürdigung politischer Gegner ist ebenfalls Teil dieser symbolischen Arbeit, die das »gute« Volk gegen die verblendeten oder bewusst bösartigen Politiker:innen stellt. **c)** Im Hintergrund steht im Weltbild der *Freien Sachsen* eine (globale) Verschwörung gegen das deutsche Volk, der antisemitische Grundsound wird immer wieder explizit in Vokabeln wie »Globalisten« – ein populistisches Codewort für die angeblich gegen das Volk arbeitenden Eliten, mit dem die semantische Struktur des Antisemitismus reproduziert wird (Roepert 2022). **d)** Wie andere populistische Parteien und Bewegungen vermeiden die *Freien Sachsen* eindeutige Gewaltaufrufe, wenngleich es bei Demonstrationen unter Beteiligung der *Freien Sachsen* beziehungsweise von diesen unterstützten Aufmärschen immer wieder zu Gewalt gegen Journalist:innen, Polizei oder auch politischen Gegner:innen kam und kommt. Dabei ist wieder zentral, dass das allgegenwärtige Widerstandsnarrativ grundsätzlich sehr viele verschiedene Aktionsformen rechtfertigt, die jederzeit eskaliert werden können – denn das (historische, moralische, unumstößliche usw.) Recht steht angeblich auf der Seite der *Freien Sachsen*.

Die entsprechende thematische Schwerpunktsetzung – sofern davon gesprochen werden kann, siehe das folgende Unterkapitel – der

Abbildung 12: Cover der Erstausgabe des Magazins »Aufgewacht« QUELLE: PRIVATARCHIV.

Kleinstpartei lässt sich exemplarisch an den zehn bisher erschienenen Ausgaben ihrer Zeitschrift »Aufgewacht. Das Politikmagazin für Sachsen« ablesen (siehe Tabelle 2). In den meisten Titeln ist ein Aufruf zur Tat oder explizit zum Widerstand enthalten. Es geht vor allem darum, etwas in Bewegung zu bringen. Das konkrete Ziel ist sekundär, wenngleich die regressive, extrem rechte Grundintonation immer präsent ist. Die Erstausgabe nahm die Selbstwahrnehmung der sächsischen Protestszene auf, eine Avantgarde in Deutschland darzustellen (*Pegida*: »Dresden zeigt wie's geht!«), wobei sie den Begriff Widerstand zentral und optimistisch in Szene setzt (Abb. 12). Das passt auch zum Titel des Magazins, denn »Aufgewacht«, so die Freien Sachsen auf der Website[29] des Periodikums, sei »Feststellung und Ermunterung zugleich«. Es gehe um einen andauernden Lernprozess, mithin verbreite man »keine ›Hetze‹, nur die herzliche Empfehlung, die nachprüfbaren Tatsachen zu akzeptieren und die Tretminen im Sprachgebrauch zu erkennen, um gemeinsam mit

29 https://aufgewacht-magazin.de (zuletzt abgerufen am 17. 12. 2023).

Tabelle 2: Ausgaben der *Freie-Sachsen*-Publikation »Aufgewacht. Das Politikmagazin für Sachsen« (Stand: Februar 2024)

Titel	Erscheinungszeitraum
Unwiderstehlich im Widerstand. Sachsen geht voran	Erstausgabe 2022
Energiewahnsinn. Sachsen sucht den Ausweg	Juli/August 2022
Selbstversorgung! Warum immer mehr Sachsen zur Tat schreiten	September/Oktober 2022
Aufstand gegen das Regime: Sachsen erhebt sich!	November/Dezember 2022
BLACKOUT. Wie weiter, wenn in Sachsen das Licht ausgeht?	Januar/Februar 2023
Sachsen wehrt sich. Wie wir die Asylflut stoppen	März/April 2023
Дружба. Was Sachsen und Russland verbindet	Mai/Juni 2023
ANTIFA-TERROR. Das rote Netzwerk in Thüringen und Sachsen	Juli/August 2023
Polizeigewalt. Täter, Aufarbeitung, Konsequenzen	September/Oktober 2023
SÄXIT. Raus aus dem Wahnsinn	November/Dezember 2023
Schlapphutalarm! Wie die neue Stasi die Wende verhindern will	Januar/Februar 2024

QUELLE: EIGENE ZUSAMMENSTELLUNG.

allen Lebensbejahern die Existenzbedrohungen abzuwehren«. Der Aufruf zum Widerstand wird in den »Aufgewacht«-Titeln mit verschiedenen Themen verbunden, etwa mit der angeblichen »Asylflut«, gegen die es sich zu wehren gelte, oder auch mit der Energiepolitik. Die Bandbreite der Widerstandsbegriffe in der Agitation der *Freien Sachsen* reicht dabei von einer diffusen Suche nach »Auswegen« bis hin zu expliziten Formulierungen wie »Sachsen wehrt sich« oder »Aufstand«.

Der Begriff des Widerstandes fungiert in der extremen Rechten schon lange als Leitbegriff, wurde durch die sogenannte Neue Rechte (siehe Kapitel 1) erneut mit Leben gefüllt und war so bereits eine Leitformel der völkischen Demonstrationsbewegung *Pegida* in Dresden (siehe Kapitel 2). Der Begriff steht jetzt auch im Zentrum der Agitation der *Freien Sachsen* und bildet nicht zuletzt in seiner Begriffsgeschichte eine Klammer bis in die militante Neonazi-Szene. Zu nennen sind in diesem Zusammenhang unter anderem der *White Aryan Resistance/Weiße Arische Widerstand*, eine 1983 von dem ehemaligen *Ku-Klux-Clan*-Führer Tom Metzger in den USA gegründete Neonazi-Organisation, oder die neonazistischen Veranstaltungen unter dem Titel »Tag des nationalen Widerstandes«. Während die Zugehörigkeit zum »nationalen Widerstand« nicht festgelegt ist, besteht gleichwohl Konsens über die »klare Frontstellung gegen eine als ›jüdisch-mammonistisch‹ und westlich-dekadent empfundene Weltordnung im Allgemeinen und die sozialen und politischen Verhältnisse der Bundesrepublik im Besonderen« (Grumke 2008: 485). Auch auf AfD- und *Querdenken*-Demonstrationen wird der Ruf »Widerstand« adaptiert. Neu ist insofern im Falle der *Freien Sachsen* nur, dass der Widerstandsaufruf hinreichend diffus gehalten wird, um milieuübergreifend – und nicht nur z. B. im neonazistischen Spektrum – erfolgreich zu sein. Der »Widerstand« richtet sich dabei immer gegen das demokratische System und dessen wichtigste Säulen wie Pluralismus und Gewährleistung der Menschenwürde, aber auch gegen jegliche als »Einmischung« verstandene Begrenzung individueller beziehungsweise regionaler Souveränität, wie sie die gegenseitige Achtung von Grundrechten oder völkerrechtliche und supranationale Verträge mit sich bringen.

Kombiniert wird der Appell zum Widerstand in den Titeln des »Politikmagazins« mit der Energiepolitik (Energiewahnsinn und Blackout), der Selbstversorgung (mit Gartenbebilderung) und dem Autarkiestreben (Säxit), mit dem Brot-und-Butter-Thema der

Rechten, Migration (»Asylflut«), der Verbundenheit mit Russland (Дружба/Druschba, russ.: Freundschaft), antikommunistischer Markierung des politischen Gegners (»Antifa-Terror«) und immer wieder der Illegitimität des demokratischen Systems (Polizeigewalt, Regime, Wahnsinn). Wie die Demonstrationen der *Freien Sachsen* immer wieder zeigen, erfolgt die Konstruktion der Eigengruppe der aufrechten Sachsen dabei stets in aggressiver Abgrenzung gegen innere (Ministerpräsident Kretschmer) und äußere (z. B. westliche Polizeikräfte) Feinde. Fast immer sind es dabei Krisen, die Handlungsdruck erzeugen sollen (Kiess 2019), eine für den Faschismus zu jeder Zeit typische Strategie (Fielitz/Marcks 2020; Franke 2023). Die – existenziellen – Krisen rechtfertigen den Widerstand. Innerhalb des Magazins gibt es offenbar eine thematische Aufgabenteilung: während der Neonazi Michael Brück vor allem über politische Gegner und das Demonstrationsgeschehen schreibt und dieses im Hinblick auf Fortschritte der auf den Umsturz hinarbeitenden Bewegung einordnet, sind die Texte von Chefredakteur Jochen Stappenbeck stärker der angeblichen Aufklärung über Verschwörungen, Missstände und (statistischer) Zusammenhänge gewidmet. Als Stichwortgeber für die monarchistische Folklore der *Freien Sachsen* tritt Martin Kohlmann hervor, der sonst als Parteivorsitzender wenig Platz im Heft einnimmt.

Die etwas angestaubt wirkenden Beiträge wie »Mehr Freiheit für das Volk. Die sächsische Verfassung von 1831 war eine Erfolgsgeschichte« (Erstausgabe 2022), »Für die ›teutsche Liberalität‹. Kurfürst Moritz von Sachsen – Stratege und Haudegen« (Nov./Dez. 2022), »›Vater August‹ – Kurfürst mit Weitblick. Je ernüchternder die Gegenwart, desto erstaunlicher die Vergangenheit«, »600 Jahre Kurwürde. Friedrich der Streitbare – der erste Sachse aus Sachsen« (Jan./Feb. 2023), »Allein gegen die Übermacht. Kurfürst Friedrich August III.: Der letzte Verteidiger des Reiches« (März/Apr. 2023) oder »Am Ende bleibt die Kunst. Kurfürst Friedrich August II.: vom Supermachtstraum zur Staatspleite« (Jul./Aug. 2023) behandeln jeweils einzelne Episoden der sächsischen Geschichte. Sie zielen aber auf deutlich mehr als die Vermittlung von historischem Wissen oder folkloristische Unterhaltung. Unserer Einschätzung nach – und das passt zum Selbstbild der *Freien Sachsen* als neuem Motor und Vernetzer der extremen Rechten – soll die Beschäftigung mit der eigenen Geschichte dazu beitragen, das Selbstverständnis zu schärfen (bzw. zu verklären), die Bedeutung Sachsens herauszustellen (bzw.

zu überhöhen) und nativistische Ansprüche zu untermauern. In der Monarchie sehen die *Freien Sachsen* darüber hinaus ihre strikt hierarchische Vorstellung einer Gesellschaft der Ungleichheit, in der wenige über viele herrschen und in der die lästige Demokratie beiseitegeschafft ist, umgesetzt.

Eingestreut in diese Texte finden sich dementsprechend immer wieder eindeutige Positionierungen gegen die Demokratie: »Die Freunde einer Wahlmonarchie mögen sich die ständigen Quengeleien um den polnischen Thron zum abschreckenden Beispiel gereichen lassen! Wer Durcheinander, Ränkespiele und ausländische Einmischung mag, soll lieber gleich Demokrat bleiben.« (Kohlmann in der Ausgabe Jul./Aug. 2023: 32) Und in der Erstausgabe schrieb Kohlmann von der im Vergleich zu einer Verfassung »wesentlich legitimeren Grundlage« der Verträge zwischen sächsischer Krone und den Ständen (Kohlmann in der Erstausgabe 2022: 32). Denn eine Verfassung würde immer »die vorher souveränen Akteure der Stände zu Stimmberechtigten eines Gremiums degradier[en]« (ebd.: 33). Weiter zeigt sich hier der Freiheitsbegriff der *Freien Sachsen* als ein autoritär-rechtslibertärer Wunsch nach Erhaltung von Privilegien für Besitzende. Jegliche kollektiv bindende Regelsetzung wird als souveränitätsschädigend diskreditiert. Ähnliche Anleihen an einen autoritären Liberalismus finden sich schon bei rechten Vordenkern wie Carl Schmitt (Amlinger/Nachtwey 2022: 50), sie sind aber auch charakteristisch für Ausprägungen des Autoritarismus der Gegenwart, was die Attraktivität der *Freien Sachsen* für Teile der Bevölkerung erklären könnte:

> »An die Stelle der externen Instanz [des Führers] tritt hier das Selbst als autonomes Subjekt. Wir verstehen den libertären Autoritarismus als Symptom einer verdinglichten Freiheitsidee, mit der die Einsicht in soziale Abhängigkeiten abgewehrt werden soll. Freiheit ist in dieser Sichtweise kein geteilter gesellschaftlicher Zustand, sondern ein individueller Besitzstand (siehe Kapitel 2).« (ebd.: 173)

Ob mit König oder Kurfürst, Sachsen soll jedenfalls die Demokratie wieder loswerden – sonst drohe der Untergang oder mindestens der weitere Abstieg.

Eine andere gemeinsame Klammer, die die verschiedenen rechten Szenen und Gruppen miteinander verbindet und zu einem

Mainframe der rechten Bewegung avanciert, ist der Bezug auf den Verschwörungsmythos vom »Großen Austausch« (eine Verschwörungserzählung, nach der das deutsche Volk angeblich durch Migration ersetzt werden soll) kombiniert mit der Forderung nach »Remigration« (die extrem rechte Forderung nach Deportation aller Nichtdeutschen). Der drohende »Volkstod« als Paranoia einer völkischen und rassistischen Ideologie ist ein seit Jahrzehnten von Neonazis reproduziertes Bild (Botsch/Kopke 2019: 24 ff.). Nicht zuletzt durch die Popularität der Thesen Thilo Sarrazins schaffte es die Metapher von der angeblichen Selbstabschaffung der Deutschen bis in den Mainstream. Im Sinne der oben bereits angedeuteten sprachlichen Anpassung innerhalb der rechten Milieus wurde dieses Bild für die eigenen Zwecke adaptiert und weiterentwickelt. Heute ist die Rede angelehnt an ein Buch von Renaud Camus von einer angeblichen »Umvolkung« oder eines »Austausch[s] des Volkes«. Wie Gideon Botsch und Christoph Kopke ausführen, verbinden sich in dieser Verschwörungsidee biologistische, antisemitische, rassistische und antifeministische Motive und diese werden für die modernisierten Zwecke der neuen Rechten so aufbereitet, dass eine breite gesellschaftliche Anschlussfähigkeit besteht (Botsch/Kopke 2019: 34 ff.).

Im Gegensatz zu »klassischen« rechtsextremen Gruppierungen und vor allem zu Neonazis verzichten rechtspopulistische Parteien in den meisten Fällen auf positive Bezüge zum Nationalsozialismus oder offen antisemitische Äußerungen. Der Grund ist denkbar einfach. In den meisten westeuropäischen Ländern werden insbesondere klassisch antisemitische Äußerungen sozial stark sanktioniert (Beyer/Krumpal 2010). So befindet sich der Antisemitismus zwar in einer Kommunikationslatenz (Bergmann/Erb 1986), allerdings sind sogenannte Dogwhistles, also vom adressierten ressentimentaffirmierenden Publikum wohl verstandene Anspielungen, dennoch häufig beobachtbar (siehe auch Roepert 2022). Ein Beispiel hierfür ist die Rede des damaligen AfD-Parteivorsitzenden Alexander Gauland auf dem Bundeskongress der Nachwuchsorganisation *Junge Alternative*, in der er die Zeit des Nationalsozialismus als »Vogelschiss« in der deutschen Geschichte bezeichnete. Damit bediente er die weit verbreitete Schlussstrich-Forderung, verharmloste Krieg und Shoa, provozierte Empörung bei politischen Gegnern und erreichte beides, ohne direkt Sympathien für den Nationalsozialismus formulieren zu müssen. In den Telegram-Kanälen der *Freien Sachsen* geht es häufig expliziter zur Sache, wenn von »Globalisten« die Rede ist oder davon, dass die »einzige Schuld der Deutschen war, dass sie erfolgreich waren und somit musste das deutsche Volk in Kriege gezwungen werden. Natürlich sollten sie die Kriege verlieren, damit die Gewinner, die Geschichte schreiben konnten.« (08.07.2023, Freie Sachsen Königshain-Wiederau)

Zusammenfassend und ohne Anspruch auf Vollständigkeit lassen sich folgende Kernforderungen der *Freien Sachsen* ausmachen: Zentral für ihre Programmatik ist die Absetzung der Regierungen auf Landes- und Bundesebene, die sie für volksschädigend und darum illegitim halten. Darüber hinaus fordern die *Freien Sachsen* mehr Autonomie für den Freistaat Sachsen gegenüber Bund und EU bis hin zum »Säxit«. Deutlich wird durchweg, dass sie nicht nur einzelne Vertreter:innen sondern das gesamte demokratische politische System absetzen wollen. Die *Freien Sachsen* sind so nicht nur eine Anti-Establishment, sondern dezidiert eine Anti-System-Partei und halten mit der Radikalität ihrer Demokratieverachtung nicht zurück. Statt der verhassten demokratischen Verfassung streben Kohlmann und seine Mitstreiter:innen eine Verfassung nach dem Vorbild des historischen Königreichs Sachsen an. Ein Grundsatz- oder Wahlprogramm fehlt bisher. Aber dort wo die Programmatik in Stichpunkten oder mündlichen Einlassungen zu einem vagen Ausdruck kommt, hat sie stark rechtslibertäre Züge. Die *Freien Sachsen* fordern immer wieder die Stärkung regionaler Produktion, niedrige Steuern und eine entfesselte Unternehmensfreiheit, ohne das klar wäre, wie diese Forderung konkret umgesetzt oder gar finanziert werden sollten. Auch innenpolitisch steht die Ablehnung der verhassten Institutionen im Mittelpunkt, diese sollten durch »Freiwillige Zusammenschlüsse von Sachsen zur Aufrechterhaltung der Sicherheit« ergänzt oder abgelöst werden. Und schließlich fordert die Kleinstpartei eine restriktive Einwanderungs- und völkische Bevölkerungspolitik. Diese Punkte werden allenfalls skizzenhaft oder als Stichpunkte genannt, nicht als Programm ausgearbeitet, dafür aber tagesaktuell mit den unterschiedlichsten Themen verbunden, meist parolenhaft verbreitet. Jedes Thema, vor allem jede Krise, ist dafür willkommen. Im Folgenden gehen wir auf diese programmatische Flexibilität und thematische Adaptionsfähigkeit näher ein.

Zwischen thematischer Adaptionsfähigkeit und inhaltlicher Beliebigkeit

Die *Freien Sachsen* kommunizieren ihre antidemokratische Ausrichtung offen. Auf dieser ideologischen Grundlage versuchen sie immer wieder neue Themen zu besetzen, je nachdem, was gerade in der öffentlichen Debatte kontrovers diskutiert wird. Um diese thematische Bandbreite – über die themenbezogenen, bereits vorgestellten Hefte des Magazins »Aufgewacht« hinaus – abzubilden, nutzen wir wieder unseren Telegram-Datensatz. Eine computergestützte Vorgehensweise erlaubt es uns, die vom 25. April 2020 bis zum 10. November 2023 angefallenen 40603 Nachrichten aus den *Freien Sachsen* zugeordneten Kanälen auszuwerten. Damit können wir einerseits die Menge der Nachrichten besser überblicken und andererseits die zeitliche Häufung einzelner Themen ermitteln. Dazu nutzen wir ein sogenanntes *Topic-Modeling*-Verfahren. *Topic Modeling* ist in der Lage, unter Verwendung statistischer Verfahren Verteilungsmuster von Wörtern (sogenannte Topics) aus großen Mengen textbasierter Daten unterschiedlicher und unstrukturierter Dokumente zu extrahieren – in unserem Fall die Tausenden Nachrichten aus den oben aufgelisteten Kanälen (siehe Tabelle 1). Der von unserem Kollegen eingesetzte Algorithmus findet dabei selbstständig ähnliche Telegram-Nachrichten und beschreibt diese mit darin vorkommenden Begriffen.[30] Letztlich handelt es sich hier um statistische Verfahren, die Wahrscheinlichkeiten berechnen. So sind die Ergebnisse immer nur Annäherungen an die real vorhandene, hochkomplexe Datenfülle. Überlagerungen der Topics innerhalb der Dokumente, einzelne Falschzuordnungen (*false positives*) wie auch falscher Ausschluss (*false negatives*) führen zu einer gewissen Unschärfe. Dennoch erlaubt uns dieses Vorgehen Rückschlüsse auf Themen und Trends, die aufgrund der Menge der Daten sonst nicht oder nur mit großem manuellem Aufwand möglich wären.

Aus der automatisch generierten Beschreibung der Topics und dem selektiven Lesen der zugeordneten Telegram-Nachrichten können wir dann in einem interpretativen Schritt das Topic als Thema bezeichnen: Wenn der Algorithmus die Worte Corona und Impfpflicht bereits in die Beschreibung übernommen hat und sich die Nachrichten um die Pandemie sowie Pläne zur Einführung einer Impfpflicht drehen, können wir also sagen, dass das Thema »Corona und Impfpflicht« in der Telegram-Agitation der *Freien Sachsen*

30 Für Details zum Vorgehen siehe Kiess/Wetzel (2023a). An dieser Stelle möchten wir Gideon Wetzel für seine Unterstützung bei der Datenaufbereitung dank

eine Rolle spielt. Über die Anzahl der einem Topic zugeordneten Telegram-Nachrichten können wir dann auch auf die Relevanz der einzelnen Themen schließen. Und zusammen mit dem Zeitstempel der Nachrichten lassen sich schließlich thematische Verschiebungen im zeitlichen Verlauf abbilden. Der Übersichtlichkeit halber beschränken wir unsere Analyse auf jene Themen, denen automatisiert mindestens 300 Nachrichten zugeordnet wurden. So verbleiben immerhin 17 Topics (vgl. Tabelle 3). Auffällig ist auch hier, dass inhaltliche Themen eine eher untergeordnete Rolle in der Agitation der *Freien Sachsen* spielen, die Mobilisierung auf der Straße dafür umso wichtiger ist (siehe Kapitel 3).

Mit Abstand am häufigsten werden Nachrichten dem Topic 1 »Demonstrationsticker« zugeordnet – hierunter fallen vor allem Aufrufsammlungen und Veranstaltungsberichte. Die *Freien Sachsen* organisierten während der Hochphase der Corona-Pandemie nur einen Teil der Protestveranstaltungen selbst, taten sich aber damit hervor, lange Listen von Demonstrationsankündigungen für häufig unangemeldete Aufzüge in Dutzenden sächsischen Städten zusammenzutragen. Damit wird wieder ihre Rolle als Katalysator für die Proteste sichtbar. Außerdem konnte sich die Kleinstpartei in der Szene als wichtiger Akteur bekannt machen. Der Algorithmus gibt uns entsprechend als Beispielnachrichten Listen von Demonstrationen aus, die mit dem Disclaimer eingeleitet werden: »Verantwortlich sind Bürger vor Ort, wir stellen eine Übersicht bereit, sind aber nicht Organisator.« Gleichwohl sind die Nachrichten mit eindeutigen Parolen der *Freien Sachsen* selbst versehen: »Corona Herbst 2022? Wir sagen Nein! Raus auf die Straße!« (20.06.2022, FS Hauptkanal) oder »Wir lassen der Regierung keine Ruhe!« Und etwas ausführlicher:

> »Vom Widerstandssommer in den heißen Herbst: Es ist wieder Montag! Die Ferien neigen sich dem Ende entgegen und langsam beginnt der ›heiße Herbst‹. Chemnitz startet direkt mit einem großen Aktionstag durch und auch in vielen anderen Städten wächst die Zahl der Mitstreiter auf der Straße seit Wochen an. Zeit, für die kommenden Energieproteste durchzustarten!«

Man arbeite seit 2021 an »einer echten Wende für unsere geliebte Heimat«, »gemeinsam mit allen, die genug haben vom verkommenen System« und zwar „[e]gal wie man zu einzelnen Themen stehen mag« (29. 10. 2023, FS Hauptkanal). Schon in diesen wenigen Beispielen wird der zentrale Bezugspunkt des »Widerstands« – und wie sekundär Sachthemen sind – deutlich. Die letzte Mobilisierung in diesem Nachrichten-Cluster erfolgte zum 4. November 2023 nach Leipzig – floppte allerdings trotz der großspurigen Ankündigung: »Ganz Deutschland schaut auf Sachsen. Der FREISTAAT 🤍💚 muss in Führung gehen ✊«.

In diesem sehr großen Topic »Demonstrationsticker« finden sich auch ältere Demonstrationsaufrufe von NPD-Kreisrat und *Freie-Sachsen*-Funktionär Stefan Hartung zum 1. Mai 2020. Er forderte »Vernunft statt Hysterie« und überführt die Wut gegen die damals restriktiven Maßnahmen zur Eindämmung des Virus in den bekannten rechten Vorwurf des »andauernde[n] Regieren[s] GEGEN das Volk«, das man sich nun nicht mehr bieten lasse – vervollständigt um die Parole »Wir sind das Volk!« (alle Zitate vom 25. 04. 2020). Die Veranstaltung versuchte Hartung zunächst mit dem *Pro-Chemnitz-* und ehemaligen NSC-Kader Robert Anders anzumelden – ein Hinweis auf die bereits vor Gründung der *Freien Sachsen* bestehende Zusammenarbeit zentraler Personen (siehe dazu ausführlich Kapitel 2). Die Nichtzulassung – die beiden Anmelder wurden als nicht zuverlässig eingestuft – versuchten die Demonstrierenden mit dem Schwarzenberger Stadtrat Jens Döbel (*Freie Bürger Schwarzenberg*), der eine Zeit lang den Versandhandel der *Freien Sachsen* leitete, zu umgehen und griffen letztlich auf die Anmeldung einer Eilversammlung zurück, um sich ihre Version des »erzgebirgische[n] Widerstand[s]« nicht verbieten zu lassen.

Das *Topic Modelling* ergibt eine Reihe weiterer Nachrichten-Cluster, die sich um das Thema Proteste drehen (neben kleineren, hier nicht aufgeführten die Topics 8, 12 und 14 in Tabelle 3). Dass Görlitz beziehungsweise Ostsachsen (Topic 8) zu den Schwerpunkten der digitalen Agitation gehören, liegt vermutlich nicht zuletzt an den dort Aktiven Jochen Stappenbeck, Chefredakteur des Magazins »Aufgewacht«, und Frank Liske, Vorsitzender des *Aktionsbündnisses Sächsischer Unternehmer* (ASU). Aber auch vor den *Freien Sachsen* war die extreme Rechte in Ostsachsen seit Jahrzehnten gut organisiert und bestens vernetzt (Kiess et al. 2023). Das Topic »Grimma« beinhaltet den Fackelaufmarsch vor dem Haus der Staatsministerin Petra Köpping. Nicht in Tabelle 3 aufgelistet sind weitere Topics, denen automatisiert Ortsnamen zur Beschreibung hinzugefügt sind (u. a.

Leisnig, Frohburg, Torgau, Bautzen, Plauen, Zwickau). Und auch die Strategie der *Freien Sachsen*, Aufmärsche und Demonstrationen als »Spaziergang« zu bezeichnen, schlägt sich als Topic nieder (Topic 12).

Wie wir in Kapitel 1 angedeutet haben, bot die Corona-Pandemie den *Freien Sachsen* ein *window of opportunity*: Bereits miteinander bekannte, ideologisch gefestigte extrem rechte Kader um Martin Kohlmann nutzten den Schwung der Krisensituation und die angestaute Wut der Menschen in Sachsen als Starthilfe für ihre Neugründung. Entsprechend werden die zweitmeisten Nachrichten dem Thema Corona und Impfpflicht zugeordnet (siehe Tabelle 3). Die auch in der demokratischen Öffentlichkeit kontrovers geführte Debatte um eine (allgemeine oder altersbezogene) Impfpflicht war nach dem Protest gegen Lockdowns und Maskenpflicht ab dem Herbst 2021 das wichtigste Corona-Thema. Eine erste Positionierung – verbunden mit einem Aufruf zu umfassendem Widerstand – erschien auf dem Hauptkanal der *Freien Sachsen* schon am 20. Februar 2021. In der Nachricht forderte die erst sechs Tage später offiziell gegründete Partei: »Schluss mit den Befehlen der Berliner Zentralregierung: Wir brauchen wieder Selbstbestimmung für unser Sachsen!« Die *Freien Sachsen* verknüpften ihre Positionierungen gegen jegliche Impfvorgaben in der Folge immer wieder mit dem Aufruf zu »Protest und Widerstand«, aber auch mit der Dramatisierung »Finger weg von unseren Kindern!«. Mehr oder weniger geschickt versuchten sie damit auch jene abzuholen, die zwar nicht unbedingt gegen einzelne Maßnahmen waren oder die Gefährlichkeit des Virus grundsätzlich leugneten, die aber »sag[t]en: Bis hierher und nicht weiter!« In solchen Formulierungen wird jedenfalls im Subtext deutlich, dass es sowohl den *Freien Sachsen* als auch den von ihnen angesprochenen Menschen weniger um die Impfpflicht selbst geht, als um das Gefühl, zu Unrecht bevormundet zu werden. Der Vorwurf von Stefan Hartung, »dass es bei dem ganzen Corona-Wahn nicht um den Gesundheitsschutz der Bürger geht« (05.03.2021), fällt somit auf ihn und die *Freien Sachsen* selbst zurück, wie auch der Diktaturvorwurf. Durch den »Ausbau des Ermächtigungsgesetzes« werde die Kanzlerin »zum Alleinherrscher« (12.04.2021, Freie Sachsen Vogtland). In einer solchen Projektion wird die eigene antidemokratische Programmatik indirekt legitimiert, wie Leo Löwenthal (1990) es bereits treffend analysierte.

Dem dritten Topic werden immerhin noch 938 Nachrichten durch den Algorithmus zugeordnet. Auch mit den hier versammelten Nachrichten setzen die *Freien Sachsen* auf die Emotionalisierung von Debatten und nutzen dazu die Sorge um das Wohlergehen der Kinder. Abermals ist diese Strategie nicht neu und wird von verschiedenen Akteuren – und so auch im rechtskonservativen bis rechtsextremen Spektrum – genutzt. Affektiv macht sich an »der (vermeintlichen) Sorge um die Kinder« die »Angst vor dem Verlust heteronormativer Hegemonie« fest, die wiederum stellvertretend für »verschiedene Ängste vor der Auflösung einer sozialen Ordnung und kollektiven nationalen Identität vor dem Hintergrund beschleunigten sozialen Wandels« (Schmincke 2015: 94) steht. Der Protest gegen die »Coronaschikanen« ist dann um so dringlicher, als mit diesen »unsere Kinder an den Schulen weiter drangsaliert« würden (28.02.2022, FS Hauptkanal). Man empfiehlt Eltern immer wieder, sich den Testpflichten an Schulen zu entziehen und Klagen einzureichen (31.08.2021, FS Hauptkanal). Die vielfach vorhandene Skepsis (und Angst) bei Eltern erschien den *Freien Sachsen* hier als lohnender Mobilisierungsansatz.

Das viertgrößte (nach zugeordneten Nachrichten) durch den Algorithmus gebildete Topic dreht sich um »Wirtschafts(vernichtungs)minister« (14.07.2023, FS Hauptkanal) Robert Habeck, der »den nächsten Angriff auf die Bürger« (23.05.2023, FS Hauptkanal) plane, sowie die von den *Grünen* angeblich ausgehende Gefahr für Deutschland. Mit rechten Schlagwörtern wie »Heizpolizei« und »Öko-Diktatur« (ebd.) nehmen die *Freien Sachsen* mit dem Klimawandel in diesem Zusammenhang ein weiteres, die extreme Rechte verbindendes und bis in die »bürgerliche« Mitte hinein kommunizierbares Thema auf (Quent et al. 2022). So agitiert die *Alternative für Deutschland* (AfD) regelmäßig mit dem Thema und formuliert in ihrem Wahlprogramm: »Es ist bis heute nicht nachgewiesen, dass der Mensch, insbesondere die Industrie, für den Wandel des Klimas maßgeblich verantwortlich ist« (AfD 2021: 175). Von AfD-Politiker:innen sowie in den sozialen Medien und teils auch in der konservativen Presse werden Aktivist:innen als »Klimaterroristen« verunglimpft. Der Begriff wurde deshalb zum Unwort des Jahres 2022 gekürt. Der Klimawandel entfaltet dabei als Brückenthema Wirkung über einschlägige Milieus hinaus. Dazu trägt bei, dass Maßnahmen gegen den Klimawandel wie auch die Klimakrise selbst offenbar Angst vor dem Verlust liebgewonnener Selbstverständlichkeiten (Lepenies 2022) vor dem Hintergrund eines verdinglichten Freiheitsbegriffs (Amlinger/Nachtwey 2022) produzieren. Diesem Verständnis von Freiheit nach sind jegliche Einschränkungen – höhere Preise durch Maßnahmen zum Klimaschutz und vor allem Verbote – direkte Angriffe auf die individuelle Souveränität. Der *Freien Sachsen* Lieblingsfeinde sind hier die *Grünen* und der von ihnen ausgehende »grüne Verrat«, wie es in einer von den *Freien Sachsen Mittelsachsen* beworbenen Ausgabe des NPD/*Die Heimat*-Organs *Deutsche Stimme* heißt (27.05.2021, FS Mittelsachsen). Die Grünen verkörpern aus Sicht der *Freien Sachsen* das Übel der Zeit und dieses wird weltgeschichtlich gedeutet: »Dekadenz, Migranten, Elitenversagen: Die Gründe für das Ende Roms lesen sich wie Zustandsanalysen der Gegenwart.« (24.08.2021, Sachsenkanal) Dem Thema Klimawandel ist noch ein weiteres Topic (15) zuzuordnen. Die Beeinflussung des Wetters, das dann für die Klimawandelpropaganda herhalten müsse (z. B. 04.08.2021, Freie Jugend), ist dabei nur der Anfang. Die große Verschwörung wird vom »Fürsten der Finsternis« Klaus Schwab – dem Leiter des World Economic Forum und Projektionsfläche des Hasses der extremen Rechten – ausgehend themenübergreifend entwickelt: »Wir ›retten‹ das Klima mit CO2-Steuern, wir deindustrialisieren Deutschland mit einer wahnwitzigen und verantwortungslosen Energiepolitik und vor allem impfen wir die ganze Welt, koste es, was es wolle« (21.01.2022, Freie Sachsen Elbflorenz ♡♥ Region Dresden). Auch hier müsse sich Widerstand formieren.

Drei weitere, gemessen an der Zahl der zugeordneten Nachrichten, größere Topics sind vor allem für die Strategie der *Freien Sachsen* aufschlussreich und zeigen erneut, dass Inhalte hinter die zentrale Widerstandsattitüde deutlich zurücktreten. Das fünftplatzierte Topic enthält vor allem Nachrichten mit Videolinks (sehr häufig zu dem Telegram-Kanal »kurze_Vids« und überproportional geteilt vom Regionalkanal *Freie Sachsen Königshain-Wiederau*) zu allen möglichen Themen sowie Mitschnitten der von den *Freien Sachsen* beworbenen Demonstrationen. Außerdem werden immer wieder angeblich skandalöse Zustände angeprangert, die nur auf alternativen Plattformen nicht gesperrt würden. Oft wirkt es wie Clickbait, wenn nur mit den Worten „#Zugesendet! Klasse Video« (z. B. 23.11.2021, FS LK Zwickau) für einen Link geworben wird. Aber der Einsatz von zusammengeschnittenen, mit Emotionen spielenden Videos gehört zur Strategie der extremen Rechten. Verschwörungserzähler:innen, die diese Klaviatur beherrschen, haben besonders seit der Corona-Pandemie neuen Aufschwung erhalten. Dass einfachste »Wahrheiten« –

Kennzeichen und Kritikpunkt des Populismus – verbreitet werden, ist dabei explizit Teil des Angebots: »Wie Regierungen arbeiten – erklärt in unter 1 Min« (07.12.2022, FS Königshain-Wiederau).

Ein weiterer Schwerpunkt der Telegram-Aktivitäten ist die Eigenwerbung für die einzelnen, insbesondere die regionalen, Kanäle (Topic 6): »Hast Du auch keinen Bock mehr auf diese Schwindel-Politiker? Dann werde auch Du ein Freier Sachse und kämpfe mit uns gegen diesen Wahnsinn!« (27.02.2021, FS Hauptkanal) Solche und ähnlich lautende Aufrufe finden sich immer wieder und stehen teils für sich, teils unter verschiedenen Aufregerthemen. Nach den ersten Erfolgen sollte die Regionalisierung eine dauerhaft breite Basis sicherstellen. Der erste Regionalkanal wurde für das Erzgebirge eingerichtet, nach und nach kamen weitere hinzu. Immer wieder sind auch NPD- beziehungsweise *Die Heimat*-Inhalte und Abonnement-Empfehlungen dabei, so zum Beispiel auch eine Werbung für Stefan Trautmann auf dem *Freie-Sachsen*-Kanal Mittelsachsen (20.09.2023). Diese Verlinkungen unterstreichen den Anspruch, die »Bewegung« für den Widerstand vernetzen zu wollen. Ähnlich inhaltlich durchmischt und vor allem auf die Bewerbung der eigenen Gruppe gerichtet, sind die Nachrichten des Topics »Freie Jugend Telegram«, die besonders den (angeblichen) Jugendkanal der Partei bewerben und ihre Umtriebigkeit herausstellen sollen: »Auch hier sind wir mit dabei!« heißt es immer wieder (02.05.2021, Freie Jugend-Kanal).

Ein Aufreger-Thema für sich während der Corona-Pandemie war das Aussetzen der Weihnachtsmärkte (Topic 9). Die grundsätzliche Ablehnung aller Maßnahmen zur Eindämmung der Pandemie verbanden die *Freien Sachsen* konsequent mit dem identitätspolitischen Mythos, dass politische Entscheidungsträger:innen den Menschen ihre Kultur nehmen wollten: »Klar ist: Die Weihnachtsmärkte gehören ins Erzgebirge und überall nach Sachsen. Wir lassen uns unsere Kultur nicht zerstören!« (29.09.2021, FS Hauptkanal). Und an anderer Stelle weiter: »Das Sterben von Vereinen sowie lang gepflegter Traditionen ist eine traurige ›Nebenwirkung‹ der Corona Plandemie.« (09.10.2021, FS LK Zwickau) Die Pandemie wird regelmäßig als Plan finsterer Eliten bezeichnet, der Begriff »Plandemie« ist in der Szene etabliert. Zugangsbeschränkungen in Form der 2G-Regel – zur Reduktion der Ansteckungszahlen konnten für einige Zeit nur Geimpfte oder Genesene an bestimmten Veranstaltungen wie Weihnachtsmärkten teilnehmen – wurden mit historischen Vergleichen als »Ausgrenzung, Diskriminierung und Diffamierung wie einst in dunklen Zeiten!« bezeichnet, es seien Regeln »für elitär Auserwählte«, die sich gegen das einfache Volk richteten (21. 10. 2021, Freie Jugend). Weil »Weihnachten [...] deutsche Tradition« sei, sprach sich Stefan Hartung gegen Marktverbote aus und forderte »die sofortige Verhaftung von Michael Kretschmer« (07. 11. 2021, FS Mittelsachsen). Immer wieder riefen die *Freien Sachsen* zum Widerstand gegen die Landesregierung auf – »Weihnachtsfrieden? Wollte der Gegner nicht. Weihnachtsoffensive soll er bekommen!« (27. 12. 2021, Martin Kohlmann). Vor allem versuchten sie Druck auf die Kommunalpolitik aufzubauen (11. 11. 2021, Sachsenkanal – Sender Freies Sachsen). Glühweintrinken wurde so zum Akt des Widerstandes stilisiert (Abb. 13, 26. 11. 2021, FS Mittelsachsen). Immer wieder spielten die *Freien Sachsen* außerdem mit neu erfundenen Begriffen auf den Nationalsozialismus an (z. B. »Costapo«, 12. 11. 2021, FS Hauptkanal) und relativierten damit nicht zuletzt – ähnlich wie die berüchtigten »ungeimpft«-Sterne auf den *Querdenken*-Demonstrationen – die Shoa.

Hinsichtlich des russischen Angriffskrieges auf die Ukraine positionieren sich die *Freien Sachsen* pro-russisch (siehe auch Kapitel 3, Abb. 9, S 90/91), was wohl nicht zuletzt auf deutliche ideologische Überschneidungen zwischen dem autoritären Regime Putins und den eigenen Vorstellungen zurückzuführen ist. Gleichzeitig wird das Thema wiederum zur Mobilisierung gegen »die Politik« genutzt. Auch jenseits des russischen Angriffskriegs gegen die Ukraine bespielen die *Freien Sachsen* internationale Themen.

Topic 10 (»BRICS und USA«) versammelt eine ganze Reihe von (teils eindeutig antisemitischen) Verschwörungserzählungen, die sich um die Weltgesundheitsorganisation (WHO), die Dominanz des US-Dollars, auch als »FED Betrugswährung« bezeichnet (08. 03. 2022, FS Königshain-Wiederau), »DIE ROTHSCHILD-KONTROLLE [...] praktisch ALLER BANKEN dieser Welt und der Zentralbanken« und die »Blutlinien der Illuminaten« (13. 03. 2022, FS Königshain-Wiederau) drehen. Immer wieder ist von einem angeblichen »Great Reset« der Weltordnung zu lesen »Gehören Ukraine-Krieg, Corona-Krieg, Digitale Währung, Trans-Humanismus zusammen? Selbstverständlich! All das gehört zum ›Great Reset‹« (24. 03. 2022, FS Königshain-Wiederau, dazu auch Kiess/Wetzel 2023b). Selbst ein Ausfall der Geldautomaten einer Sparkasse in Oschatz lässt sich zum Anzeichen für die drohende neue Weltordnung stilisieren (19. 11. 2022, Freie Sachsen Elbflorenz 🤍💚 Region Dresden).

Abbildung 13: Glühweintrinken in Roßwein als Widerstand gegen die coronabedingte Absage der Weihnachtsmärkte (26.11.2021) QUELLE: SCREENSHOT AUS DEM KANAL FREIE SACHSEN MITTELSACHSEN.

Gleichzeitig stehe das derzeitige System kurz vor dem Zusammenbruch: »Es läuft, das Petro-Dollar-System bricht zusammen, der Euro kommt danach und die EU kommt zum Schluss« (24.03.2022 FS Königshain-Wiederau), insbesondere die EZB und der Euro werden als gescheitert dargestellt (z.B. 16.06.2022, Sachsenkanal – Sender Freies Sachsen; 16.06.2022, Peter Schreiber). Die Postings lehnen – offensichtlich aus einer Mischung aus Unkenntnis und Ressentiment – Zentralbankgeld (Fiatgeld) zugunsten von angeblich werthaltigen, auf dem Goldstandard basierenden Währungen ab. Man fühlt sich vom modernen Wirtschaftssystem betrogen und sieht die Schuldigen in den Chefetagen der Zentralbanken. Unter Führung der BRICS-Staaten – Brasilien, Russland, Indien, China und Südafrika – erhoffen sich die Urheber:innen der Posts eine neue Weltordnung (deren Schaffung sie an anderer Stelle gerade westlichen Eliten vorwerfen!).

Auch Donald Trump (Topic 17) erfährt mit unverhohlener Bewunderung gepaarte Aufmerksamkeit. Wieder fällt der Regionalkanal Königshain-Wiederau mit besonders umfassenden Verschwörungserzählungen auf: 1989 seien die Kommunisten »aus Russland herausgeworfen [worden] und das Zionistengesindel wanderte gen Westen«

Tabelle 3: Übersicht der durch *Topic Modeling* generierten häufigsten Themen in Kanälen der *Freien Sachsen*

Nr.	Zahl der Nachrichten	Thema	Automatisch generierte Wortliste zur Beschreibung des Topics
1	21301	Demonstrationsticker	[›uhr‹, ›die‹, ›der‹, ›und‹, ›in‹, ›18‹, ›sachsen‹, ›ma‹, ›markt‹, ›19‹]
2	1802	Impfpflicht und Corona	[›impfpflicht‹, ›corona‹, ›impfung‹, ›die‹, ›der‹, ›covid‹, ›und‹, ›nicht‹, ›das‹, ›sie‹]
3	937	Kinder und Corona	[›kinder‹, ›schulen‹, ›eltern‹, ›schüler‹, ›und‹, ›die‹, ›kindern‹, ›an‹, ›sie‹, ›zu‹]
4	876	Habeck und weitere Sündenböcke	[›habeck‹, ›deutschland‹, ›die‹, ›und‹, ›der‹, ›das‹, ›strom‹, ›ist‹, ›in‹, ›von‹]
5	512	Kurze Videos	[›kurze_vids‹, ›4126‹, ›unterhaltsam‹, ›aussagekräftig‹, ›kurze‹, ›schnell‹, ›videos‹, ›finden‹, ›me‹, ›https‹]
6	468	Regionalkanäle	[›freien‹, ›kanal‹, ›landkreis‹, ›sachsen‹, ›nordsachsen‹, ›me‹, ›mittelsachsen‹, ›freiesachsenle‹, ›freiesachsenzwickau‹, ›meldungen‹]
7	442	Freie Jugend	[›freiejugend‹, ›netzfund‹, ›telegram‹, ›me‹, ›uns‹, ›folgt‹, ›auf‹, ›jugend‹, ›https‹, ›unterstützt‹]
8	419	Schwerpunkt Ostsachsen	[›görlitz‹, ›altma‹, ›ma‹, ›postpl‹, ›zinzendorfpl‹, ›weißwasser‹, ›spreeck‹, ›rothenburg‹, ›herrnhut‹, ›stadtring‹]
9	392	Weihnachtsmärkte	[›jahr‹, ›weihnachten‹, ›weihnachtsmarkt‹, ›uhr‹, ›wünschen‹, ›wir‹, ›18‹, ›weihnachtsmärkte‹, ›markt‹, ›weihnachtszeit‹]

Nr.	Zahl der Nachrichten	Thema	Automatisch generierte Wortliste zur Beschreibung des Topics
10	373	BRICS gegen USA	[›brics‹, ›dollar‹, ›us‹, ›gold‹, ›welt‹, ›the‹, ›der‹, ›währung‹, ›die‹, ›das‹]
11	358	Compact und Auf1	[›compact‹, ›tv‹, ›auf1‹, ›online‹, ›stream‹, ›nord‹, ›sie‹, ›sendung‹, ›dertag‹, ›www‹]
12	346	Spaziergang heute	[›spaziergang‹, ›spaziert‹, ›spazieren‹, ›heute‹, ›wieder‹, ›auch‹, ›danke‹, ›in‹, ›am‹, ›folgt‹]
13	337	Sachsenkanal	[›sachsenkanal‹, ›sender‹, ›youtube‹, ›freies‹, ›com‹, ›https‹, ›senderfreiessachsen‹, ›sachsenzweier‹, ›gesperrt‹, ›gründungsmitglied‹]
14	326	Schwerpunkt Grimma	[›grimma‹, ›treffpunkt‹, ›heute‹, ›marktplatz‹, ›spaziergang‹, ›00‹, ›in‹, ›protest‹, ›uhr‹, ›19‹]
15	315	Klimawandel und Chemtrails	[›chemtrails‹, ›klimawandel‹, ›co2‹, ›klima‹, ›https‹, ›wetteradler‹, ›www‹, ›haarp‹, ›wetter‹, ›com‹]
16	310	Deutsche Stimme	[›ds‹, ›stimme‹, ›deutsche‹, ›netzwerktag‹, ›de‹, ›hier‹, ›tv‹, ›magazin‹, ›peter‹, ›abonnieren‹]
17	307	Trump gegen die Eliten	[›trump‹, ›präsident‹, ›the‹, ›us‹, ›cia‹, ›donald‹, ›media‹, ›der‹, ›das‹, ›die‹]

als »5. Kollonne [sic!]«. »Verraten und verkauft« sei man »vom Hochgradfreimaurer und Jesuiten Hennoch Kohn« worden (06. 04. 2022, FS Königshain-Wiederau). Die antisemitische Legende, Helmut Kohl alias Hennoch Kohn sei eigentlich Jude, Freimaurer und wolle dem deutschen Volk schaden, wurde von Jan Udo Holey alias Jan van Helsing bereits in den 1990er Jahren verbreitet (Jaecker 2004: 57). In anderen Kanälen wird vor allem die Sehnsucht nach dem autoritären Vorbild kultiviert: »Trump komm bitte wieder...« (29. 07. 2021, Freie Jugend). Zu einem verlinkten Ken-Jebsen-Video schreibt der Kanal *Freie Sachsen – SOE (Der Kanal)*: »Der Wahlbetrug in den USA, der Joe Biden zum Präsidenten machte, ist endlich aufgedeckt« (13. 05. 2022). Charakteristisch für die Verschwörungserzählungen ist die Obsession mit Plänen: »Der Sturm beginnt: Trumps Richter zerreißen Plan der Elite«. Einerseits gilt es, den Plan der gegen die Interessen des Volkes agierenden Elite zu durchkreuzen, andererseits wird durch die Urteile des Supreme Courts mit konservativer Mehrheit vom bewunderten Trump die »nächste Phase des Plans [...] eingeleitet« (03. 07. 2022, Freie Sachsen Königshain-Wiederau).

Drei weitere Topics gruppieren sich um extrem rechte Medien, was einmal mehr zeigt, wie fest die *Freien Sachsen* in der extremen Rechten verankert sind – und dass sich die Agitation viel um (Eigen-) Werbung dreht. Der auch auf YouTube und der Videoplattform-Alternative Odysee vertretene *Sachsenkanal* (Topic 13 in Tabelle 3) gehört zum Netzwerk der *Freien Sachsen* und verbreitet Heimattümelei und Verschwörungserzählungen. Zudem werden immer wieder die Versuche der Plattform YouTube thematisiert, verschwörungsideologische Inhalte zu löschen. Im Topic »Deutsche Stimme« (Topic 16) wird deutlich, wie eng die *Freien Sachsen* mit dem Medium der NPD (*Die Heimat*) zusammenarbeiten. Kurz nach Gründung der *Freien Sachsen* erschien auf *Deutsche Stimme TV* ein Interview des Chefredakteurs und *Die-Heimat*-Kaders Peter Schreiber mit den zentralen Protagonisten Stefan Hartung, Thomas Kaden und Martin Kohlmann. Neben den Themen »kulturelle Identität, Freiheitsrechte, Corona-Zwangsmaßnahmen, regionale Eigenständigkeit, Regelungswut des Staates« ging es vor allem darum, das neue Sammlungsprojekt vorzustellen und zu betonen, dass die Protagonist:innen »den Distanzierungswahn innerhalb des heimattreuen Lagers ab[lehnen] und [...] parteiübergreifend zusammen[arbeiten]« (14. 03. 2021, FS Hauptkanal). Schließlich verweist man mit dem von Jürgen Elsässer herausgegebenen Magazin *Compact* und dem Sender

Auf1 auf Gleichgesinnte (Topic 11), die Aufregerthemen aufbereiten und dafür fleißig verlinkt werden.

Die Analyse der automatisiert generierten Topics sowie der Einblick in die einzelnen Nachrichten zeigen deutlich die extrem rechte Ausrichtung der *Freien Sachsen*, die zentrale Stellung des *Masterframes* »Widerstand« und nicht zuletzt, dass konkrete Themen für die Agitation der *Freien Sachsen* zweitrangig sind. Anders gesagt: Bei den *Freien Sachsen* ist für verschiedene thematische Vorlieben Platz. Hauptsache der Untergang der Demokratie kommt nicht zu kurz. Insgesamt überwiegen deutlich Nachrichten zum Demonstrationsgeschehen und die diesbezügliche Agitation. Der Protest, mit dem die Themen auch außerhalb der eigenen Milieus gesetzt sowie die Mehrheitsgesellschaft beeinflusst und unter Druck gesetzt werden soll, ist insofern nicht nur Mittel zum Zweck. Der Protest ist wichtig, um Radikalisierungsprozesse innerhalb der Szene und Polarisierung im Hinblick auf politische Gegner in Gang zu bringen (vgl. Caiani et al. 2012: 18). Und Protest ist ideologisch zentral: man ist vor allem Bewegung, wogegen ist insofern zweitrangig, als der Widerstand sich jedenfalls gegen alles und alle mit dem demokratischen System Assoziierte richtet.

Im Zeitverlauf wird deutlich, dass Corona als Mobilisierungsthema durchgehend und selbst noch im Jahr 2023 eine wichtige Rolle spielt. Im Sinne einer Angebot-Nachfrage-Dynamik zwischen Akteuren der extremen Rechten wie den *Freien Sachsen* und den Rezipient:innen in der Bevölkerung beziehungsweise den Follower:innen der Kanäle (siehe dazu ausführlich Kiess/Wetzel 2023a) ist davon auszugehen, dass die *Freien Sachsen* bewusst immer wieder auf dieses Thema zurückkommen, weil eine entsprechende Nachfrage existiert. Das Thema »Corona« war das wichtigste diskursive *window of opportunity* für die *Freien Sachsen*, denn in einer breiten Bewegung von Maßnahmegegner:innen war der kleinste gemeinsame Nenner die fundamentale Ablehnung aller staatlichen Maßnahmen zur Eindämmung der Corona-Pandemie. Dieses Thema wurde früh ergänzt durch eine ebenso fundamentale Opposition gegen jedweden staatlichen Eingriff zum Klimaschutz, Energiesparen oder sonstiger Regulierungen. Daneben sind einige thematische Häufungen vermutlich selbstgewähltes Agenda-Setting, so zum Beispiel die Bewerbung des Sachsenversands oder der Sonntagsgespräche.

Das gesellschaftspolitische Klima als Möglichkeitsraum für die extreme Rechte

Für eine erfolgreiche Mobilisierung sind diskursive und gesellschaftliche Gelegenheitsstrukturen (Kitschelt 1999) notwendig. Das politische und gesellschaftliche Klima, in dem in diesem Jahr drei große Wahlen in Sachsen stattfinden werden, ist spürbar belastet. Und das gilt natürlich nicht nur für Sachsen und auch nicht erst für das Jahr 2024. Die virulenten Krisendiskurse erschöpfen die Menschen individuell (und zwar disproportional stärker junge und mehrfachbelastete Menschen, siehe z. B. Lass-Hennemann et al 2023; Schnetzer et al. 2023; WSI 2022) und belasten den kollektiven politischen Diskurs. Krisen (Funke et al. 2016), wie auch Pandemien (Davies et al. 2021) es sind, können Anlass und Gelegenheit für Radikalisierungsprozesse und ein entsprechendes Framing (Moffitt 2014) bieten. Zum einen sind die Finanz- und Wirtschaftskrise, die Euro-Krise, die politische Krise in Europa über Migration ab 2015 und zuletzt die Corona-Pandemie als solche Gelegenheiten für die extrem rechte Mobilisierung bereits in der Bevölkerung vorhandener Ressentiments benannt worden. Angesichts von Untergangsszenarien wird die faschistische Logik und das Narrativ des »Erwachen[s] einer bedrohten Nation« mobilisiert (Fielitz/Marcks 2020: 39). Ob »Flüchtlingskrise« oder Pandemie spielt dabei keine Rolle. Untergangsszenarien und Verschwörungserzählungen verlangen »nach Helden, die die Geschichte hin zu einem nationalen Happy End fortschreiben. Wo auf den Staat kein Verlass mehr ist, gilt es, die Sache selbst in die Hand zu nehmen, um die Gemeinschaft vor den Eindringlingen zu schützen und mit Verrätern aufzuräumen« (ebd.: 42). Eine ganze Reihe gesellschaftlicher Veränderungen hat zum anderen zu einer wahrgenommenen Statusbedrohung ethnokultureller Mehrheiten in vielen Ländern geführt und die »politisch-medialen Diskurse haben solche Bedrohungen in Ressentiments gegen Eliten, Migrant:innen und Minderheiten kanalisiert und ... radikalen politischen Angeboten Legitimation verschafft« (Bonikowski 2017, unsere Übersetzung). So wird nicht die Klima-, Energie-, Migrations- oder Pandemiekrise sondern die Normalisierung extrem rechten Gedankenguts zur größten Hypothek für die Demokratie in Sachsen und darüber hinaus.

Die häufig diagnostizierten Polarisierungstendenzen mögen gar nicht so klar sein, wie es zugespitzte Überschriften und Talkshowformate glauben machen (Mau et al. 2023). Dennoch drehen sich politische Debatten immer weniger um sachorientierte Lösungen der relevanten Problemstellungen wie Klimakrise, Energieversorgung, Krieg oder auch die Landwirtschaft. Es gilt das lauteste Statement, nicht das beste Argument. Die Demokratie droht durch die algorithmisierte Debatte selbst zum Shitstorm zu werden (Weichert 2014), denn auch die Politik gehorcht der Ökonomie der Aufmerksamkeit (Franck 1998). Die Abkehr von der Sachorientierung und die radikale Zuspitzung in der öffentlichen Debatte aber eröffnet für die extreme Rechte immer neue Möglichkeitsräume. Genau das ist es, was extrem Rechte wollen, »dass der Riss noch tiefer wird« (Götz Kubitschek zit. nach Stegemann/Musyal, 2020: 222), und die AfD treibt diese Entwicklung mit ihrem Verhalten auch in den Parlamenten weiter voran (Maurer/Jost 2020).

Jenseits des parlamentarischen Betriebs und der veröffentlichten Meinung findet die extreme Rechte aber eben auch in der Bevölkerung Resonanz. Eine 2023 veröffentlichte Repräsentativbefragung in den ostdeutschen Bundesländern berichtet für Sachsen, dass 14,4 Prozent der Befragten der Aussage »Auch heute noch ist der Einfluss der Juden zu groß« überwiegend oder voll und ganz zustimmten (hier und im Folgenden Decker et al. 2023). Weitere 22 Prozent stimmten dieser Aussage teilweise zu. Antisemitismus unterliegt einer Kommunikationslatenz. Das heißt, es gibt eine gewisse Tendenz, solchen Aussagen bei Befragungen eher weniger zuzustimmen, und Umfragen unterschätzen daher das Potenzial tendenziell. Deutlich größer ist die Zustimmung zu Aussagen, mit der die Ablehnung von Menschen gemessen wird, die als »Ausländer« einer abstrakten Gruppe zugerechnet werden: Der Aussage, »Die Ausländer kommen nur hierher, um unseren Sozialstaat auszunutzen«, stimmten in Sachsen 44,4 Prozent überwiegend oder voll und ganz zu. Weitere 25,8 Prozent der Befragten stimmten teilweise zu. Das heißt, nur eine Minderheit von gut 25 Prozent lehnt diese Aussage in Umfragen ab. Um Missverständnissen vorzubeugen: Auch bundesweit wird diese Aussage von einer Mehrheit dezidiert oder zumindest teilweise geteilt (Decker et al. 2022). Das Problem lässt sich also nicht auf »den Osten« oder auf Sachsen reduzieren, wenngleich hier Entwicklungen wie in einem Brennglas sichtbar werden (siehe Kapitel 1). Die Folgen der weiten Verbreitung solcher extrem rechten Positionen sind vielfältig. Die bisherigen Erfolge der AfD und davor der NPD zeigen, dass sich diese Stimmungen durchaus in

Abbildung 14: Demonstration der Freien Sachsen am 03.10.2023 in Hermsdorf. FOTO: VUE.CRITIQUE

Wählerstimmen ummünzen lassen. Weit verbreitete Ressentiments haben außerdem Konsequenzen für das Miteinander, für das was sagbar ist, und münden nicht zuletzt in verbale und körperliche Angriffe auf Andersdenkende oder Andersaussehende. Darüber hinaus ist die verbreitete Zustimmung zu solchen Positionen das politische Feld, dass die *Freien Sachsen* nur bestellen müssen.

Das Problem ist allerdings noch größer als die Verbreitung solcher Ansichten bereits anzeigt, denn rechtsextreme Einstellung und die Mobilisierbarkeit von Ressentiments sind eingebettet in – sowie unter anderem bedingt durch – die weitverbreitete politische Deprivation in vielen westlichen Demokratien und vielleicht unter anderen Fällen besonders in Sachsen. In der gerade genannten Studie wurden die Teilnehmenden auch zu ihrem Verhältnis zur Demokratie und ihren wahrgenommenen Teilnahmemöglichkeiten befragt (Decker et al. 2023). Auf die Aussage, »Leute wie ich haben sowieso keinen Einfluss darauf, was die Regierung tut«, antworteten 80,9 Prozent zustimmend. Der Aussage, »Ich halte es für sinnlos, mich politisch zu engagieren«, stimmten 65,5 Prozent der Befragten in Sachsen zu (ebd.: 20). Für die Legitimation der auf dem Beteiligungsgedanken beruhenden liberalen Demokratie ist das mehr als beunruhigend. Die Menschen erleben die Demokratie nicht als etwas, wovon sie selbst Teil sind, sondern sind distanziert von dem, was dort »in Berlin« oder »in Brüssel« entschieden wird. Die Folgen dieser hohen politischen Deprivation sind vielfältig: Sie beschleunigt die Entfremdung von Politik, dass sich etwa immer weniger Menschen politisch engagieren und sich eher ins Private zurückziehen. Die vielfältigen Krisenlagen machen es auch objektiv immer wieder notwendig, sich neu zu sortieren, auf Wesentliches zu konzentrieren, um nicht auszubrennen usw. Es zeigt sich aber auch, dass politische Deprivation – unter Berücksichtigung vieler weiterer Variablen, wie eine autoritäre Grunddisposition, allgemein als schlecht wahrgenommene wirtschaftliche Lage und auch Bildung – eben auch die Zustimmung zu rechtsextremer Einstellung wahrscheinlicher werden lässt (ebd.: 24). Die weit verbreitete politische Deprivation und Entfremdung von der institutionalisierten Politik öffnen der extremen Rechten also offenbar Spielräume, gerade auch auf der kommunalen Ebene (Kiess et al. 2024). Neben dem Rückzug aus der Politik und dem Entzug von Zustimmung zur Politik beflügelt politische Deprivation auch den Widerstand gegen »die Politik«.

Widerstand über alles

In diesem Kapitel haben wir die Kernpunkte der Ideologie sowie die thematisch breit angelegte, aber auf den *Masterframe* »Widerstand« konzentrierte Agitation der *Freien Sachsen* untersucht. Die auf den ersten Blick nicht besonders konsistent wirkende Themenwahl der neonazistischen Kleinstpartei ist nicht beliebig. Ganz im Gegenteil. Die Wahl fällt immer wieder durchaus zielsicher auf Aufregerthemen, die auch in der breiten Öffentlichkeit polarisieren. In der Mehrzahl werden Themen – Russland/Gas, Trump, Blackout – also dann bespielt, wenn sich konkrete Anlässe in den Medien bieten. Die Einsicht, dass wir alles, »was wir über unsere Gesellschaft, ja über die Welt, in der wir leben, wissen, [...] durch die Massenmedien« wissen (Luhmann 1995: 5), gilt auch für die extreme Rechte. Auch sie muss ihre Themen nach dem wählen, was gesellschaftlich – und das heißt: in den Medien – diskutiert wird. Hierin bestätigen unsere Ergebnisse die bisherige Forschung: Die extreme Rechte in so unterschiedlichen Ländern wie den USA, Italien oder Deutschland konzentriert ihre Aktivitäten »on what fits the public discourse best« (Caiani et al. 2012: 135). Die thematische Flexibilität oder sogar Beliebigkeit der Agitation der *Freien Sachsen* auf Telegram erweist sich insofern als eine wichtige Voraussetzung für ihren Erfolg.

Allerdings sind Klimawandelleugnung, Corona und Weihnachtsmärkte nicht selbst zentrale ideologische Anliegen der *Freien Sachsen*. Diese Themen dienen vielmehr dazu, das über allem stehende Widerstandsnarrativ unter die Leute zu bringen, ihre Verachtung für die Demokratie alltagsrelevant zu verpacken und immer wieder Emotionen zu schüren. Einfach gegen die Abschaffung der Demokratie würden vermutlich wenige auf die Straße gehen und die laienhistorischen Beiträge des Parteivorsitzenden vielleicht nur ein zustimmendes Brummen erfahren. Der »Widerstand« in Form von als Spaziergänge bezeichneten Demonstrationen oder Kundgebungen auf dem Marktplatz gegen als Zumutung empfundene Masken-, Abstands- und Impfpflichten hingegen ist konkret. Nichtsdestotrotz handelt es sich bei den meisten *Freie-Sachsen*-Protagonist:innen – wie bereits in Kapitel 2 dargestellt – um geschulte, ideologisch gefestigte Neonazis. Der offen und eindeutig anti-demokratische Kern der *Freie-Sachsen*-Ideologie sollte keinesfalls unterschätzt werden, nur weil zeitweise aktuelle Themen im Vordergrund stehen mögen. Die *Freien-Sachsen*-Kader heben sich von ihrem Milieu ab, weil sie ihre Rolle effektiver spielen. Die besteht nur am Rande darin, in ausschweifenden (Selbst-)Gesprächen und geschichtsklitternden Artikeln die Welt zu deuten, auch wenn dies eine durchaus wichtige Voraussetzung ist und die *Freien Sachsen* auch von Projekten wie *Pegida* abhebt. Zentral aber ist es für die ausgerufene extrem rechte Bewegung, die Rolle des Agitators einzunehmen und die Massen online und offline von der Idee des Widerstands und der selbsterfüllenden Prophezeiung der Mobilisierung zu überzeugen.

5. Ein neues Modell für die extreme Rechte?

In diesem letzten Kapitel wollen wir unsere Ergebnisse resümieren und kommen deshalb noch einmal zu den in Kapitel 1 aufgestellten Beobachtungen und unserem Untersuchungsinteresse zurück. Unsere erste Ausgangsfrage lautete: Was passiert im Feld der extremen Rechten neben oder im Schatten der AfD? Darauf haben wir am Beispiel der *Freien Sachsen* umfangreich Antwort gegeben, indem wir deren Vorgeschichte und Personal sowie ihre Strategien und Inhalte analysiert haben. Dabei ist klar geworden: Die *Freien Sachsen* fügen sich nahtlos in die im ersten Kapitel skizzierte Entwicklung der extremen Rechten bundes- und auch weltweit ein. Das Personal mag neu zusammengewürfelt sein, letztlich handelt es sich bei zentralen Kadern der Kleinstpartei um seit Jahren bekannte Neonazis. Ihre Strategien mögen besser aufeinander abgestimmt sein als noch bei der NPD, aber sie sind nicht neu. Ihre Inhalte – auch oder gerade die »neurechten« Ideologeme – werden mit modernen Mitteln transportiert, sind aber die ewiggestrigen. Weil die *Freien Sachsen* auf langjährige Erfahrungen aufbauen können, mit ihrem bewegungsförmigen Auftreten anschlussfähig sind und sie auf weit verbreitete Ressentiments setzen sowie eine günstige politische Lage nutzen können, sind sie trotz der Konkurrenz durch die AfD im extrem rechten Lager bemerkenswert erfolgreich.

Unsere zweite Ausgangsfrage lautete: Welche Gelegenheitsstrukturen ermöglichen beziehungsweise verhindern extrem rechte Sammlungsbewegungen? Diese Frage ist komplizierter und hier auch nur teilweise und vorläufig zu beantworten. Zum einen zeigt sich, dass die Konkurrenz zur AfD sich vor allem auf die Frage der

Wahlteilnahme bezieht. Davon abgesehen aber begünstigen sich die verschiedenen extrem rechten Akteure gegenseitig und bilden füreinander wichtige Koalitionäre. Die *Freien Sachsen* haben die Vorteile des Nebeneinanders – exemplarisch stehen dafür die erwünschten Doppelmitgliedschaften – und der strategisch-situativen Zusammenarbeit wohl verstanden. Dies dürfte neben der für sie günstigen Ausgangslage in Sachsen und dem diskursiven Möglichkeitsfenster der Corona-Pandemie zu ihrem bisherigen und regionalen Erfolg maßgeblich beigetragen haben. Abschließend wollen wir deshalb diskutieren, ob sich über die beschriebene Situation in Sachsen hinaus allgemeine Schlüsse für die extreme Rechte ziehen lassen.

Selbstwirksamkeit simulieren, Widerstand propagieren

Zu Beginn dieses Buches haben wir von einer von den *Freien Sachsen* angeführten Demonstration in Dresden am 8. Januar 2024 berichtet. Die Slogans auf den mitgeführten Transparenten und Bannern bildeten ein breites Spektrum unterschiedlicher Forderungen ab. Sie sind sich jedoch einig in der fundamentalen Ablehnung der Regierung in Berlin. Unter den Demonstrierenden waren Vertreter:innen unterschiedlicher extrem rechter Gruppen, aber auch zahlreiche Menschen, die dem äußeren Anschein nach politisch nicht klar zuordenbar sind. Probleme mit extrem rechten Äußerungen oder Symbolen hatte jedoch offenbar keiner von ihnen. Und trotz aller Unterschiedlichkeiten, die diesen seit Jahren größten extrem rechten Aufmarsch in Dresden prägten, wehten überall die grün-weißen Fahnen mit dem Banner des Königreichs Sachsen und gaben dem Demonstrationszug mit dem ebenfalls grün-weißen Frontbanner eine gewisse Kohärenz.

Die Bilder dieses Aufzugs versinnbildlichen damit die Mobilisierung der extremen Rechten durch die *Freien Sachsen*. Diese noch junge Kleinstpartei hat es geschafft, in ihrem Kampf um die Straße sämtliche extrem rechten und verschwörungsideologischen Strömungen zu vereinen. Sie stellt – explizit von ihren Protagonisten so gewünscht – ein Dach dar, ohne dabei die alleinige Hegemonie anzustreben. Sie operiert bewusst als Teil einer extrem rechten Bewegung. Sie zeigt, wie eine Erneuerung der extremen Rechten – insbesondere des neonazistischen Teils – im Schatten und Vorfeld der AfD gelingen kann. Diese Neuausrichtung gelingt ihr in Symbiose mit verschiedenen demokratiefeindlichen, rechtsoffenen und extrem rechten Szenen. Die *Freien Sachsen* schwingen sich dabei auf zu einem Motor, der wiederum auch anderen Kräften innerhalb dieser »Bewegung« einen Nutzen verspricht. Über politische Differenzen, die im Detail sicherlich existieren, wird aus strategischen Gründen vorerst hinweggesehen. Im Widerstand – so ist man sich bewusst – ist man vereint und marschiert in eine gemeinsame Richtung. Hierbei hat jeder extrem rechte Akteur seine eigene Aufgabe.

Die *Freien Sachsen* sind mit der Mobilisierung der extremen Rechten in einem Bundesland erfolgreich, das bereits seit den 1990er Jahren hinsichtlich des Rechtsextremismus eine der Problemregionen darstellt. Im Gegensatz zu anderen Regionen wurde dieses Problem in Sachsen von staatlicher und behördlicher Seite über viele Jahre geleugnet oder heruntergespielt. Noch heute ist es einigen konservativen Politiker:innen nicht möglich, über Rechtsextremismus zu sprechen, ohne dabei reflexartig den angeblich mindestens so bedeutenden Linksextremismus zu thematisieren und damit vom Thema abzulenken. Demokratische, zivilgesellschaftliche Strukturen sind außerhalb der Großstädte in der Regel schwach. In der Transformationsgeschichte Ostdeutschlands wuchsen bis vor wenigen Jahren nur sehr wenige demokratiestabilisierende Organisationen in den ländlichen Regionen. Auch Kirchen, Gewerkschaften und demokratische Parteien sind nicht in der Lage, in die Fläche zu wirken. Zudem gibt es außerhalb der Großstädte in Sachsen nur selten eine gewachsene politische Beteiligung migrantischer Communitys. Ein Dachverband der Migrantenselbstorganisationen in Sachsen existiert erst seit wenigen Jahren und ist vorwiegend in den Großstädten verankert. Die Zustimmungswerte zu demokratieablehnenden und rassistischen Positionen sind vergleichsweise hoch (Decker et al. 2023; dimap 2024). Unter diesen Bedingungen konnten sich über mehrere Jahrzehnte gut organisierte extrem rechte Strukturen entwickeln und etablieren. Unter diesen wiederum gediehen auch die Vorläuferorganisationen der *Freien Sachsen* im Erzgebirge und in Chemnitz.

Die meisten Protagonisten der Kleinstpartei sammelten in ebenjenen extrem rechten Strukturen über viele Jahre umfangreiche Erfahrungen. Die vorwiegend männlichen Neonazis der Partei sind also erfahren in der Organisation und Strukturierung extrem rechter Aktivitäten. Sie zeigen sich mit den *Freien Sachsen* aber neuerdings offen für sämtliche extrem rechten und verschwörungsideologischen Gruppen und Einzelpersonen. Doppelmitgliedschaften sind explizit erwünscht und helfen, das Netzwerk persönlicher Kontakte zu expandieren. Damit und mit ihrem Angebot eines gemeinsamen Organisationsdaches haben es die *Freien Sachsen* jedenfalls bisher geschafft, gegenüber anderen extrem rechten Akteuren als selbstlos zu erscheinen. Anders als andere extrem rechte Parteien wie die NPD oder *Der III. Weg* haben es die *Freien Sachsen* verstanden, eine eigene Marke zu entwickeln, zu etablieren und landesweit sichtbar zu machen, die auch über die eigenen Kaderstrukturen hinaus von Sympathisant:innen angenommen wird. Die Fahnen, Banner und Logos der *Freien Sachsen* sind seit zwei Jahren im gesamten Bundesland auf allen extrem rechten Demonstrationen omnipräsent. Es wird dadurch der Eindruck einer flächendeckenden Struktur und übermächtigen Straßenhegemonie erzeugt, obwohl sich dies nicht mit den tatsächlichen Strukturen und insbesondere der Mitgliederzahl deckt. Diese scheinbare Stärke wird auch durch die Nutzung der Plattform Telegram suggeriert, auf welcher die *Freien Sachsen* einen Haupt- und mehrere Unterkanäle etablierten, die insgesamt von mehr als 150 000 Menschen abonniert werden. Aus dem vermeintlichen Scheinriesen wurde mit geschicktem Social-Media- und Straßenmarketing, sozusagen als »self-fulfilling prophecy«, tatsächlich die wichtigste extrem rechte Struktur neben der AfD im Bundesland Sachsen.

Diese einmal erreichte Bedeutung soll im Rahmen der Parteistrategie vor allem über die Präsenz auf lokaler Ebene und den Antritt zu Kommunalwahlen dauerhaft untermauert werden. Mit kommunalen Themen ergeben sich einerseits Möglichkeitsräume für eine Verharmlosungstrategie und Normalisierung für die sonst thematisch sehr radikal auftretende Partei. Zum anderen gibt es aus der Perspektive der Kommunalpolitik zahlreiche Möglichkeiten der Verantwortungsverschiebung (»Schuld sind die da oben«) und der damit einhergehenden Verfestigung der eigenen Problembeschreibung. Die errungenen Mandate sollen jedoch in erster Linie zur Ausbildung von eigenem qualifizierten Personal dienen, dass nach einem Systemwechsel die politischen Geschäfte übernimmt. Die Liste der angesprochenen Themen auf den Telegram-Kanälen ist beinahe unendlich lang. Jedes Thema, dass das Potenzial einer möglichen Polarisierung oder eine gewisse Emotionalität besitzt, wird aufgegriffen. Die Themen, so zeigt sich, sind dabei zweitrangig und austauschbar. Die Regierung soll abgesetzt und der demokratische Rechtsstaat und die Demokratie als solche abgelöst werden. Jedes Thema wird zur Delegitimierung des Staates oder als Aufruf zum Widerstand genutzt. Dieser Widerstand »gegen das System« wird eng mit einer exklusiven und spezifisch sächsischen, teilweise auch ostdeutschen Identität verknüpft (»wir gegen die anderen«). Bemerkenswert ist, wie es den *Freien Sachsen* dabei gelungen ist, über einen langen Zeitraum diese Spannung des Widerstands aufrechtzuerhalten. Den Anhänger:innen der *Freien Sachsen* wird dauerhaft das Gefühl vermittelt, dass die Revolte zum Umsturz kurz bevorsteht. Bei der Frage nach den Gelegenheitsstrukturen, die es ermöglicht haben, dass die *Freien Sachsen* den Widerstand der extremen Rechten mobilisieren konnten, reichen die angeführten Faktoren allein insofern nicht aus.

Unter Selbstwirksamkeitsüberzeugungen werden in der Sozialpsychologie jene Überzeugungen der Menschen verstanden, dazu in der Lage zu sein, eine handelnde Rolle im Bereich der Politik einzunehmen, nämlich die eigenen Ideale zu äußern, die eigene politische Bewegung und die eigenen politischen Forderungen zu vertreten und auf politische Entscheider:innen Einfluss zu nehmen. Männer zeigen in der Regel eine höhere wahrgenommene politische Selbstwirksamkeit, insbesondere in den mittleren Jahrgängen. Stark ideologisierte Personen zeigen höhere Niveaus wahrgenommener politischer Selbstwirksamkeit als weniger ideologisch engagierte Gruppen. Umso höher die eigene Überzeugung ist, politisch wirksam sein zu können, desto eher und desto intensiver bringen sich Menschen politisch ein (Caprara et al. 2009: 1002 ff.) Die *Freien Sachsen* und ihre Anhänger:innen konnten von Beginn an in einem außergewöhnlich hohen Maße Selbstwirksamkeitserfahrungen sammeln. Da in Sachsen während der Corona-Pandemie über viele Wochen eine Allgemeinverfügung zur Eindämmung des Virus galt, die das Recht auf Versammlungsfreiheit faktisch außer Kraft setzte, wurden einfache Widerstandsakte für zahlreiche Menschen erlebbar: Um Teil des Widerstandes zu werden, war es ausreichend, sich zu einer verabredeten Zeit unter freiem Himmel zu versammeln, gemeinsam um einen Häuserblock zu ziehen oder auch nur einen Glühwein zu trinken. Es war in der Bundesrepublik vermutlich noch nie so einfach, sich in einer Oppositionsrolle zu fühlen, und noch nie so ungefährlich, zivilen Ungehorsam zu leisten.

Vor allem über die Telegram-Kanäle der *Freien Sachsen* wurden diese als »Spaziergänge« deklarierten Aufzüge in Echtzeit geteilt und verbreitet, was zum Gefühl beitrug, Teil von etwas Großem zu sein. Aufgrund der Vielzahl an Demonstrationen waren die Behörden weitestgehend nicht dazu in der Lage, die geltenden Pandemiebeschränkungen durchzusetzen. Die *Freien Sachsen* multiplizierten diese Tatsache öffentlichkeitswirksam. Als im Zuge der staatlichen Pandemie-Beschränkungen das Demonstrationsverbot aufgehoben wurde, feierten die *Freien Sachsen* dies als Ergebnis der Protestbewegung und als Erfolg der Demonstrierenden. Diese wiederum erlangten dadurch das Gefühl von politischer Selbstwirksamkeit. Noch heute wird in Reden der *Freien Sachsen* und über ihre Kanäle der Mythos genährt, dass die Impfpflicht nur aufgrund des Protestes auf der Straße abgewendet werden konnte. Selbst die Rücknahme sämtlicher staatlicher Maßnahmen wird von einigen Protagonisten der *Freien Sachsen* nicht etwa als logische Konsequenz in der Zeit der Endemie verstanden, sondern als eigener Erfolg. Widerstand, Protest und ziviler Ungehorsam werden als Ursachen für die Rücknahme der Pandemiebeschränkungen verkauft.

Nicht zuletzt waren die *Freien Sachsen* in der Zeit der Pandemie durch die Beschränkungen des öffentlichen Lebens neben der Regierung zeitweise die einzige politische Organisation, die überhaupt öffentlich in Erscheinung trat – und dies spricht wieder für eine raumsoziologische, Gelegenheitsstrukturen in Betracht ziehende Analyse, die die Entfernung und Entfremdung der Menschen von demokratischen Institutionen ins Zentrum rückt (Kiess et al. 2024). In den Kleinstädten und Dörfern, in denen demonstriert wurde, boten diese Aufmärsche wöchentlich das größte und auch einzige Event. Die *Freien Sachsen* haben diesen meist lokal und nur rudimentär organisierten Versammlungen vielerorts ihr Logo und eine immer gleichlautende Erzählung angeheftet. So konnten sie den Eindruck, letztlich das entscheidende Netzwerk hinter den Protesten zu bilden, glaubhaft verbreiten. Dies stärkte wiederum das Selbstbewusstsein und die Überzeugung, politisch wirksam zu sein, in der Anhängerschaft. Die *Freien Sachsen* schufen so eine regelrechte Selbstwirksamkeitsillusion, wobei sie die besonderen gesellschaftlichen Krisenbedingungen in der Pandemie, hier insbesondere die bereits vorhandene Dynamik der Proteste, als goldene Gelegenheit kalkuliert ausnutzten.

Dass die *Freien Sachsen* nicht zu einer Eintagsfliege geworden sind, ist neben der offenbar gelungenen Netzwerkbildung in der extremen Rechten auch weiteren Gelegenheitsfenstern geschuldet. Als die Mobilisierungskraft der Demonstrationen gegen die staatlichen

Pandemiemaßnahmen abflaute, überfiel Russland die Ukraine. Die Folgen des Krieges – Inflation, Flucht, Unsicherheit der Energieversorgung, wirtschaftliche Rezession – lieferten neue Begründungszusammenhänge, die ideologisch aufgeladen werden konnten. Die extreme Rechte lebt geradezu von Krisen und ist darauf angewiesen, sie in möglichst dramatischer Form zu zeichnen, um ihre radikalen, antidemokratischen Lösungen anbieten zu können (vgl. Moffitt 2014, 2016; Marcks/Fielitz 2020). Angesichts der vielen Krisenherde, des fortschreitenden Klimawandels und einer gerade auch von der extremen Rechten herbeierzählten Polarisierung der Gesellschaft wird es vermutlich auch in Zukunft nicht an Themen mangeln, die der AfD, den *Freien Sachsen* oder anderen extrem rechten Gruppen als Mobilisierungsgelegenheit dienen können.

Erfolg der *Freien Sachsen* – Erfolg der extremen Rechten?

Unsere Analyse der *Freien Sachsen* und ihrer jedenfalls teilweise erfolgreichen Strategien sollte an einem konkreten Beispiel generelle Entwicklungen der extremen Rechten aufzeigen. Die *Freien Sachsen* sind eine radikale, extrem rechte Partei, die das bestehende demokratische politische System überwinden und durch ein neues, undemokratisches Regime ersetzen will. Damit unterscheidet sie sich nicht grundsätzlich von anderen Akteuren der extremen Rechten. Innerhalb dieses Spektrums ist zunächst zu unterscheiden zwischen solchen Parteien und Gruppierungen, die die liberale Demokratie westlicher Prägung »nur« umbauen wollen hin zu einem illiberalenautokratischen System, und solchen, die die liberale Demokratie offen bekämpfen (vgl. Mudde 2019; Pirro 2023). Eine solche Unterscheidung ist vor allem dann nützlich, wenn die verschiedenen angewendeten Strategien untersucht oder auch im Ländervergleich Konjunkturen extrem rechter Politik aufgezeigt werden sollen. Solche Differenzierungen sollten aber, wie wir bereits in Kapitel 1 argumentiert haben, nicht darüber hinwegtäuschen, dass sich alle unter dem Sammelbegriff »extreme Rechte« zu fassenden Akteure grundsätzlich in ihrem völkisch-nationalistischen Kern gleichen. Gerade der jüngst auch nochmals vom Bundesverfassungsgericht am Beispiel der Partei *Die Heimat* als verfassungsfeindlich herausgestellte ethnische Volksbegriff ist hier zentral.[31]

Bei allen auch kontextbedingten Unterschieden zwischen den US-Republikanern unter Trump, über Marine Le Pens *Rassemblement*

31 BVerfG, Urteil des Zweiten Senats vom 23. Januar 2024 – 2 BvB 1/19 –, Rn. 1–510.

National bis zur *Alternative für Deutschland* oder den *Freien Sachsen* lassen sich in der extrem rechten, den populistischen Stil adaptierenden Programmatik weitere Gemeinsamkeiten festhalten. Diese umfassen Ungleichwertigkeitsvorstellungen, die Dichotomisierung in ein »wir« und »die Anderen« sowie einen zweifelhaften, nationalistischen und volkstümelnden Demokratiebegriff, indem nicht nur »das Volk« ethnisch definiert, sondern auch unbeschränkt in seinem (angeblichen) Mehrheitswillen gegen Minderheiten ins Feld geführt wird. Dabei bedienen sich diese Parteien und ihre Vertreter:innen bei den gängigen ideologischen Versatzstücken des Rechtsextremismus, darunter Ausländerfeindlichkeit (wobei eine imaginierte Gruppe von »Ausländern« konstruiert und abgewertet wird), Antifeminismus (vom klassischen Sexismus über die Verschärfung von Abtreibungsregularien bis zur Mobilisierung gegen eine angebliche »Gender-Ideologie«), Antisemitismus (häufig als Schuldabwehrantisemitismus oder Projektion auf den Staat Israel, siehe Kiess et al. 2020), Ablehnung der europäischen Integration bei gleichzeitiger chauvinistischer Überhöhung der Nation usw. Insgesamt verbindet die Themen der Rechten die Mobilisierung entlang antimoderner Motive – wie es die *Freien Sachsen* exemplarisch und ganz unverblümt vorführen. Die Themen sind dabei altbekannt, sie erhalten aber immer wieder eine neue Aufmachung. Die *Freien Sachsen* haben sich zudem im sächsischen Kontext, der innerhalb der deutschen extremen Rechten schon lange als erfolgversprechendes Umfeld für eine neue völkisch-nationalistische Bewegung gilt, unter anderem mit folkloristischen Elementen und offenbar sehr guten persönlichen Kontakten in verschiedene Ecken des extrem rechten Kosmos etablieren können.

Der Erfolg der *Freien Sachsen* beruht unserer Einschätzung nach nicht zuletzt darauf, ein Bekenntnis zu einer umfassend ausgearbeiteten Ideologie gerade nicht zur Zugangsvoraussetzung zur »Bewegung« zu machen. Anstelle einer (mehr oder weniger) konsistenten Programmatik, wie sie z. B. für die NPD/*Die Heimat* oder den *III. Weg* kennzeichnend ist, setzen die *Freien Sachsen* innerhalb der eigenen Reihen wie auch in ihrer Bündnis- beziehungsweise Netzwerkpolitik auf die bewusst offen gehaltene Zugehörigkeit zum »Widerstand«, zu den »Aufgewachten«, zu »den Sachsen« oder auch zur »Bewegung«. Die eigenen Ziele werden bewusst abstrakt gehalten, sie können immer noch präzisiert werden, wenn der ersehnte Umsturz begonnen hat. Einerseits trägt das zur Selbstverharmlosung der teils langjährig aktiven Neonazi-Kader bei. Andererseits können unterschiedliche Milieus bedient werden, da geschulte Neonazis, Reichsbürger:innen, Verschwörungserzähler:innen und andere sendungsbewusste Einzelpersonen gleichermaßen willkommen sind – und die unterschiedlichen extrem rechten Strömungen bedienen können. Zunächst gilt für alle Beteiligten nur, die Demokratie sturmreif zu schießen und eine kritische Masse an Menschen dauerhaft zu mobilisieren. Um dieses gemeinsame Ziel zu erreichen, bedient man sich in erster Linie der Delegitimierung der demokratischen Institutionen, Abläufe und Repräsentant:innen. Zum Feind kann dabei alles und jede:r werden, was und wer den demokratischen Rechtsstaat und seine Werte verkörpert. In der politischen Überzeugung der extremen Rechten »stirbt das System irgendwann den ›metapolitischen Hungertod‹ durch mangelnde Legitimation« (Sellner 2023: 50). Aufreger und Krisen gibt es zur Genüge und die modernen, insbesondere die sozialen Medien helfen mit ihren Mechanismen der Dramatisierung und Eventisierung diese Gelegenheiten nutzbar zu machen. Die Bewegung wird das Mittel und der Widerstand selbst zum Ziel, denn nur in dieser Kombination lässt sich die verhasste Demokratie beseitigen. Die *Freien Sachsen* sind dabei in Sachsen zu einem entscheidenden Puzzle-Teil geworden, dass bis vor wenigen Jahren noch fehlte, um gemeinsam agieren zu können.

Zentral für die Propaganda ist das Widerstandsmotiv. Das erklärt auch, warum die Corona-Pandemie für die *Freien Sachsen* einen fast schon idealen Kontext für ihre Gründung darstellte. Schnell wurde bei der einigermaßen breiten Bewegung gegen die Maßnahmen zur Eindämmung der Pandemie klar, dass es für die meisten Teilnehmenden nicht nur um Impfungen und Ausgangssperren ging, sondern um eine autoritäre Rebellion gegen das politische System im Allgemeinen (Koos 2021; Amlinger/Nachtwey 2022). Für die Corona-Proteste in Deutschland insgesamt hält Simon Teune fest, dass die »Selbststilisierung als Widerstandskämpfer und gleichzeitig Opfer eines perfiden Systems nicht nur die Kohäsion zwischen den sehr unterschiedlichen Gruppen der Querdenkerproteste gestärkt, sondern auch die Anwendung von Gewalt für viele plausibel und vorstellbar gemacht [hat]. Gewalt- und Bestrafungsphantasien waren von Anfang an Teil der Überhöhung von Infektionsschutzmaßnahmen als ›Corona-Diktatur‹.« (Teune 2021: 32) Und gleichzeitig sahen viele Gruppierungen die extreme Rechte explizit als Verbündete an und damit trugen die Proteste zur Normalisierung der extremen

Rechten bei (siehe auch Vieten 2020). Das Widerstandsnarrativ ermöglicht auch szeneintern eine bessere Zusammenarbeit. In extrem rechten Überlegungen selbst wird von einer »Mosaik-Rechten« gesprochen, die von der AfD über extrem rechte Medien und Internetportale bis hin zu *Social Movement Organizations* wie *Pegida* und einzelnen Inflencer:innen und Aktivist:innen reicht (Volk 2021: 238 f.). Eine wichtige Rolle im Netzwerk der *Freien Sachsen*, aber eben auch für andere extrem rechte Parteien und Gruppierungen, spielt zum Beispiel das *Compact*-Medienunternehmen und dessen Chefredakteur Jürgen Elsässer.

Gesondert zu diskutieren ist das Verhältnis der *Freien Sachsen* und ähnlicher Projekte zur AfD, das wir in Kapitel 1 als einen Startpunkt unserer Überlegungen benannt haben. In seiner Neujahrsansprache 2024 richtete sich Kohlmann direkt an die AfD und andere extrem rechte Parteien:

> »Wir stehen auf alle Fälle dazu bereit und andere müssen sich entscheiden, ob sie mit den Ampel-Schwampeln-Pampeln aus Dresden, den Kretschmers und Co regieren wollen oder ob sie diese Leute nicht lieber beseitigen wollen. Denn wir sind die, die nicht mit von deren Trog fressen wollen. Wir wollen deren Trog umschmeißen!«

Die Warnung an die AfD ist deutlich, sich nicht zu sehr an die Plätze im Parlament zu gewöhnen – radikalere Pläne würden sonst auch gegen sie umgesetzt. Für die Binnenstruktur der extremen Rechten lässt sich jedenfalls festhalten, dass die AfD insgesamt die Möglichkeitsräume der extremen Rechten vergrößert hat. Die Milieugrenzen sind mit jeder Mobilisierungswelle durchlässiger geworden. Insbesondere neonazistische Akteure nutzen diese Räume – diskursiv, digital, relational. Das im Januar 2024 durch eine *Correctiv*-Reportage bekanntgewordene Treffen von rechtsgerichteten Unternehmer:innen, AfD-Mitgliedern und Neonazis wie Martin Sellner in Potsdam, bei dem Pläne zur Deportation aller angeblich Nicht-Deutschen besprochen wurden, zeigt, wie weit die Gedankenspiele, aber auch die Netzwerke reichen. Die AfD schafft aber nicht nur neue Räume. Umgekehrt stützen Vorfeldorganisationen und selbst potenzielle Konkurrenten wie die *Freien Sachsen* wiederum die Mobilisierung der AfD.

Die *Freien Sachsen* berauschen sich in Interviews und reden gerne selbst von ihrem lokal begrenzten, aber dennoch nicht ungefährlichen Erfolg. Bisher sind explizite Nachahmungsversuche allerdings eher erfolglos geblieben. Zwar existieren Gruppierungen wie die *Freien Thüringer*, die *Freien Niedersachsen*, die *Freien Pfälzer*, die *Freien Hessen* oder auch die *Freien Düsseldorfer* und mobilisieren teilweise auch weiterhin zu Demonstrationen. Diese Versuche lassen sich als Regionalisierungsstrategie des antidemokratischen Widerstandes interpretieren. Nur bei den *Freien Sachsen* ist aber offenbar die Vernetzung einer ausreichenden Zahl organisationsfähiger Kader gelungen. Einige der Telegram-Auftritte der genannten Organisationen weisen seit Monaten keine neuen Nachrichten mehr auf. Nur weil aber Pendants der *Freien Sachsen* nicht – wie vielleicht intendiert – bundesweit aus dem Boden schießen, heißt das nicht, dass das Modell nicht Schule machen könnte. Denn zu erwarten sind eher nicht weitere Kopien als vielmehr andere, kontextadäquate Projekte. Und die werden von den *Freien Sachsen* ebenso lernen, wie diese von ihren Vorläufern gelernt haben. Deshalb ist es wichtig, die konkreten Ansatzpunkte der *Freien Sachsen* in den Blick zu nehmen.

(1) Im Sinne der politischen Gelegenheitsstrukturen (McAdam 1996, siehe Kapitel 1) nutzen die *Freien Sachsen* die relative Offenheit des politischen Systems auf der lokalen Ebene, die für »unpolitische« bis extrem rechte Wählervereinigungen einen einfachen Einstieg und damit Möglichkeiten zur Informationsbeschaffung, zum Netzwerkaufbau, zum Bekanntwerden usw. ermöglichen. **(2)** Zupass kommt den *Freien Sachsen* auch die fehlende Geschlossenheit der demokratischen Parteien, insbesondere im Hinblick auf durch Polarisierungstendenzen gekennzeichnete Themen wie Corona (das Hin und Her bei den Maßnahmen), Migration (die eskalierende Debatte um Verschärfungen des kaum noch als solches zu erkennenden Asylrechts) oder Klimawandel (die Kampagne gegen das Heizungsgesetz). Die unsachlichen Debatten führen nicht nur zu einer Entfremdung der Bürger:innen von den politischen Institutionen, sondern machen auch extrem rechte Politik diskursfähig, etwa wenn Narrative und Forderungen der AfD durch demokratische Parteien übernommen werden. Dass diese Strategie nicht aufgeht, hat die jüngste politikwissenschaftliche Forschung hingegen belegt (Krause et al. 2023; Heinze 2022). **(3)** Die extreme Rechte profitiert von der Präsenz etablierter Verbündeter wie etwa der AfD, aber auch anderer Fürsprecher:innen wie beispielsweise lokalen Unternehmer:innen, die deren Politik in den Bereich des Sagbaren ziehen. Für die *Freien Sachsen* haben wir die starke Verankerung der extremen Rechten im Freistaat angeführt, aber in anderen Regionen Deutschlands finden sich durchaus ebenfalls Beispiele für solche Fürsprecher:innen. Nicht ohne Grund ist eine Partei wie die AfD auch in Baden-Württemberg stark. **(4)** Schließlich ist für den Fall Sachsen die zu beobachtende Zurückhaltung des Staates gegenüber den *Freien Sachsen* beziehungsweise insgesamt gegenüber der extremen Rechten anzuführen. Die illegalen Demonstrationen als Anti-Corona-Maßnahmen konnten teilweise aus logistischen Gründen kaum von der Polizei unterbunden werden. Die langwierige und oft nicht zufriedenstellende juristische Aufklärung extrem rechter Gewalt ist hingegen schon lange ein wahrnehmbares Problem. Diese Umstände zahlen auf das Konto der *Freien Sachsen* ein, denn sie unterstützen ihre Inszenierung von Selbstwirksamkeit und das Narrativ des »Widerstands«.

Literaturverzeichnis

Aderholz, David. 2021. Extrem rechte Zugriffe auf die Arbeitswelt: eine kritisch-hermeneutische Untersuchung von Propagandamaterial von Zentrum Automobil und der Kampagne »Werde Betriebsrat«. ZRex – Zeitschrift für Rechtsextremismusforschung 1: 323–343.

AfD. 2021. Deutschland. Aber normal. Programm der Alternative für Deutschland für die Wahl zum 20. Deutschen Bundestag. Berlin: Alternative für Deutschland.

Amenta, Edwin, und Thomas Alan Elliott. 2017. All the Right Movements? Mediation, Rightist Movements, and Why US Movements Received Extensive Newspaper Coverage. Social Forces 96: 803–830.

Amlinger, Carolin, und Oliver Nachtwey. 2022. Gekränkte Freiheit: Aspekte des libertären Autoritarismus. Originalausgabe. Berlin: Suhrkamp.

Andreasch, Robert. 2014. Der »dritte Weg« als Ausweg. URL: *https://www.aida-archiv.de/2014/02/14/der-dritte-weg-als-ausweg*.

Antifaschistisches Infoblatt. 2018. Rassistische Mobilisierungen in Chemnitz. AIB 2018: 6–9.

Backes, Uwe, und Steffen Kailitz, Hrsg. 2020. Sachsen – eine Hochburg des Rechtsextremismus? Göttingen: Vandenhoeck & Ruprecht.

Bendiek, Lisa, und Danilo Starosta. 2022. Empirische Befunde: »Vergebliche Liebesmüh« Erfahrungen aus der Jugendarbeit mit rechten Jugendlichen im Chemnitzer Fritz-Heckert-Gebiet. In »Wir haben gedacht, wir müssen die Welt retten«. Jugendarbeit mit »rechtsorientierten Jugendlichen« – (k)ein Blick auf die 1990er Jahre, Hrsg. ReMoDe – Regional und Mobil für Demokratie, 36–46. Chemnitz.

Benford, Robert D. 2022. Master Frame. In The Wiley-Blackwell Encyclopedia of Social and Political Movements, Hrsg. Donatella Della Porta, Bert Klandermans, Doug McAdam und David A. Snow, 1–2. Wiley.

Bennett, W. Lance, und Alexandra Segerberg. 2013. The Logic of Connective Action: Digital Media and the Personalization of Contentious Politics. Cambridge: Cambridge University Press.

Bergmann, Werner, und Rainer Erb. 1986. Kommunikationslatenz, Moral und öffentliche Meinung. Theoretische Überlegungen zum Antisemitismus in der Bundesrepublik Deutschland. Kölner Zeitschrift für Soziologie und Sozialpsychologie 38: 223–246.

Beyer, Heiko, und Ivar Krumpal. 2010. »Aber es gibt keine Antisemiten mehr« eine experimentelle Studie zur Kommunikationslatenz antisemitischer Einstellungen. Kölner Zeitschrift für Soziologie und Sozialpsychologie 62: 681–705.

Blee, Kathleen, und Mehr Latif. 2020. Sociological survey of the far right. In Researching the far right: theory, method and practice, Fascism and the far right, Hrsg. Stephen Ashe, Joel Busher, Graham Macklin und Aaron Winter, 45–59. Abingdon, Oxon; New York, NY: Routledge.
Bonikowski, Bart. 2017. Ethno-nationalist populism and the mobilization of collective resentment: Ethno-nationalist populism. The British Journal of Sociology 68: 181–213.
Bose, Sophie, und Andre Schmidt. 2023. »Aufbruch Ost« in der Arbeitswelt? Perspektiven sächsischer Gewerkschafter auf die demokratiepolitische Bedeutung arbeitsweltlicher Mobilisierungen. In Demokratie in Sachsen: Jahrbuch des Else-Frenkel-Brunswik-Instituts für 2022, Hrsg. Oliver Decker, Fiona Kalkstein und Johannes Kiess, 273–291. Leipzig: edition überland.
Botsch, Gideon, und Christoph Kopke. 2019. »Umvolkung« und »Volkstod«. Zur Kontinuität einer extrem rechten Paranoia. Ulm: Klemm + Oelschläger.
Bringt, Friedemann, und Michael Nattke. 2010. Mustergau Sachsen. »Moderne Nazis« im Freistaat und die besondere Problematik des ländlichen Raums. In: Stadt – Land – Rechts. Brauner Alltag in der deutschen Provinz, Hrsg. Friedrich Burschel, 152–164. Berlin: Rosa-Luxemberg-Stiftung.
Butterwegge, Christoph. 2002. Rechtsextremismus. Freiburg: Herder.

Caiani, Manuela, Donatella Della Porta und Claudius Wagemann. 2012. Mobilizing on the extreme right Germany, Italy, and the United States. Oxford: Oxford University Press.
Caprara, Gian Vittorio, Michele Vecchione, Cristina Capanna und Minou Mebane. 2009. Perceived political self-efficacy: Theory, assessment, and applications. European Journal of Social Psychology 39: 1002–1020.
Castelli Gattinara, Pietro, Caterina Froio und Andrea L. P. Pirro. 2022. Far-right protest mobilisation in Europe: Grievances, opportunities and resources. European Journal of Political Research 61: 1019–1041.
Castelli Gattinara, Pietro, und Andrea L. P. Pirro. 2019. The far right as social movement. European Societies 21: 447–462.

Davies, Garth, Edith Wu und Richard Frank. 2021. A Witch's Brew of Grievances: The Potential Effects of COVID-19 on Radicalization to Violent Extremism. Studies in Conflict & Terrorism 1–24.
Decker, Oliver, und Elmar Brähler. 2006. Vom Rand zur Mitte. Rechtsextreme Einstellungen in Deutschland 2006. Berlin: Friedrich-Ebert-Stiftung.
Decker, Oliver, Ayline Heller, Johannes Kiess und Elmar Brähler, Hrsg. 2022. Autoritäre Dynamiken in unsicheren Zeiten: Neue Herausforderungen – alte Reaktionen? Leipziger Autoritarismus Studie 2022. Giessen: Psychosozial-Verlag.
Decker, Oliver, Johannes Kiess und Elmar Brähler. 2023. Autoritäre Dynamiken und die Unzufriedenheit mit der Demokratie. Die rechtsextreme Einstellung in den ostdeutschen Bundesländern. Leipzig: Else-Frenkel-Brunswik-Institut.
Decker, Oliver, Marliese Weissmann, Johannes Kiess und Elmar Brähler. 2010. Die Mitte in der Krise: rechtsextreme Einstellungen in Deutschland 2010; [Studie im Auftrag der Friedrich-Ebert-Stiftung]. Berlin: Friedrich-Ebert-Stiftung, Forum Berlin.

Dietze, Nikolas. 2023. Digitaler Raum(-öffner) – Lokaler Rechtsextremismus und Telegram. Medien & Kommunikationswissenschaft 71: 339–359.
Dimap. 2024. Sachsen-Monitor 2023. Ergebnisbericht für die Sächsische Staatskanzlei. Bonn: dimap.
Dunin-Wąsowicz, Roch, und Kira Gartzou-Katsouyanni. 2023. Geographical Dimensions of Populist Euroscepticism. Political Studies Review 14789299231201810.

Ebner, Julia. 2019. Radikalisierungsmaschinen: wie Extremisten die neuen Technologien nutzen und uns manipulieren. 2. Aufl. Berlin: Suhrkamp.
Ellinas, Antonis A. 2020. Organizing against democracy: the local development of the far right in Greece and Europe. First Edition. New York: Cambridge University Press.
Engesser, Sven, Nicole Ernst, Frank Esser und Florin Büchel. 2017. Populism and social media: how politicians spread a fragmented ideology. Information, Communication & Society 20: 1109–1126.

Fehser, Stefan. 2017. Demaskierung und Kontinuitäten. Pegida als Offenlegung und Entfesselung bestehender Dispositionen. In: Pegida als Spiegel und Projektionsfläche. Wechselwirkungen und Abgrenzungen zwischen Pegida, Politik, Medien, Zivilgesellschaft und Sozialwissenschaften, Hrsg. Tino Heim, 55–78. Wiesbaden: Springer VS.
Fielitz, Maik, und Holger Marcks. 2020. Digitaler Faschismus: die sozialen Medien als Motor des Rechtsextremismus. Berlin: Dudenverlag.
Franck, Georg. 1998. Ökonomie der Aufmerksamkeit: Ein Entwurf. München: Hanser.
Franke, Berthold. 2023. Für einen neuen Faschismusbegriff. Warum wir bei Putin, Orbán und Co. nicht nur von Rechtspopulismus sprechen sollten. In: Blätter für deutsche und internationale Politik 2023/10: 47–60.
Fuchs, Christian, und Paul Middelhoff. 2019. Das Netzwerk der neuen Rechten: wer sie lenkt, wer sie finanziert und wie sie die Gesellschaft verändern. Originalausgabe. Reinbek bei Hamburg: Rowohlt.
Funke, Manuel, Moritz Schularick und Christoph Trebesch. 2016. Going to extremes: Politics after financial crises, 1870–2014. European Economic Review 88: 227–260.

Geiges, Lars, Stine Marg und Franz Walter. 2015. Pegida: die schmutzige Seite der Zivilgesellschaft? Bielefeld: Transcript.
Gessenharter, Wolfgang. 1989. Die ›Neue Rechte‹ als Scharnier zwischen Neokonservatismus und Rechtsextremismus in der Bundesrepublik. In: Gegen Barbarei, Hrsg. Rainer Eisfeld und Ingo Müller, 424–452. Frankfurt am Main: Athenäum.
Gittner, Natalie, Julia Schuler und Andre Schmidt. 2022. Zivilgesellschaft als »Bollwerk gegen Rechts«? Potenziale und Schwierigkeiten von Engagement und Gegenwehr am Beispiel der Stadt Wurzen. In: Demokratie in Sachsen. Das Jahrbuch des Else-Frenkel-Brunswik-Instituts für 2021, Hrsg. Oliver Decker, Fiona Kalkstein und Johannes Kiess, 67–85. Leipzig: edition überland.
Giugni, Marco. 2009. Political Opportunities: From Tilly to Tilly. Swiss Political Science Review 15: 361–367.

Grumke, Thomas. 2008. Die rechtsextremistische Bewegung. In: Die Sozialen Bewegungen in Deutschland seit 1945. Ein Handbuch, Hrsg. Roland Roth und Dieter Rucht. Frankfurt am Main: Campus, 475–492.

Grunert, Johannes und Johannes Kiess. 2024. Neue und alte Rechte in Chemnitz. Knotenpunkte eines Netzwerks. In: Brennpunkte der »neuen« Rechten. Globale Entwicklungen und die Lage in Sachsen, Hrsg. Stefan Garsztecki, Thomas Laux und Marian Nebelin, 157–176. Bielefeld: transcript.

Habermas, Jürgen. 1992. Faktizität und Geltung: Beiträge zur Diskurstheorie des Rechts und des demokratischen Rechtsstaats. Frankfurt am Main: Suhrkamp.

Hartleb, Florian. 2013. Bund freier Bürger – Offensive für Deutschland. Die Freiheitlichen (BFB – Die Offensive). In: Handbuch der deutschen Parteien, Hrsg. Frank Decker und Viola Neu, 200–203. Wiesbaden: Springer VS.

Häusler, Alexander, und Rainer Roeser. 2015. Die rechten ›Mut‹-Bürger. Entstehung, Entwicklung, Personal & Positionen der »Alternative für Deutschland«. Hamburg: VSA.

Heinze, Anna-Sophie. 2022. Dealing with the populist radical right in parliament: mainstream party responses toward the Alternative for Germany. European Political Science Review 14: 333–350.

Heitmeyer, Wilhelm. 1999. Sozialräumliche Machtversuche des ostdeutschen Rechtsextremismus. In: Rechtsextremistische Jugendliche – Was tun? Hrsg. Peter E. Kalb, Karin Sitte und Christian Petry, 47–79. Weinheim/Basel: Beltz.

Heitmeyer, Wilhelm. 2011. Deutsche Zustände: Folge 10. Originalausgabe. Suhrkamp Verlag.

Heitmeyer, Wilhelm, Manuela Freiheit und Peter Sitzer. 2020. Signaturen der Bedrohung. 2: Rechte Bedrohungsallianzen. Berlin: Suhrkamp.

Himmelreich, Jörg. 2017. Deutsch – Russische Wahlverwandtschaften: Die »Neue Rechte«. Die Eurasierbewegung und die Neue Rechte. Ideelle und personelle Verflechtungen. Bundeszentrale für politische Bildung. URL: *https://www.bpb.de/themen/rechtsextremismus/dossier-rechtsextremismus/256080/deutsch-russische-wahlverwandtschaften-die-neue-rechte/#footnote-target-34*.

Hummel, Steven. 2023. Wie hältst du's mit der AfD? Kooperationen mit der extremen Rechten auf kommunaler Ebene in Sachsen. In: Demokratie in Sachsen: Jahrbuch des Else-Frenkel-Brunswik-Instituts für 2022, Hrsg. Oliver Decker, Fiona Kalkstein und Johannes Kiess, 97–116. Leipzig: edition überland.

Kemper, Andreas. 2016. Antiemanzipatorische Netzwerke und die Geschlechter- und Familienpolitik der Alternative für Deutschland. In: Die Alternative für Deutschland, Hrsg. Alexander Häusler, 81–97. Wiesbaden: Springer Fachmedien Wiesbaden.

Jaecker, Tobias. 2004. Antisemitische Verschwörungstheorien nach dem 11. September. Neue Varianten eines alten Deutungsmusters. Münster: LIT.

Kiess, Johannes. 2015. 50 Shades of Brown: Pegida und der Wunsch nach Autorität. Jahrbuch für Öffentliche Sicherheit 2014/2015: 205–219.

Kiess, Johannes. 2019. Die soziale Konstruktion der Krise: Wandel der deutschen Sozialpartnerschaft aus der Framing-Perspektive. Weinheim/Basel: Beltz Juventa.

Kiess, Johannes, Hrsg. 2020. Arbeit in Sachsen: Trends und Analysen der sächsischen Arbeitswelt. Leipzig: edition überland.

Kiess, Johannes. 2023. Extrem rechte Parteien in Sachsen. Arbeitsteilige Mobilisierung und Fragmentierung. In: Demokratie in Sachsen: Jahrbuch des Else-Frenkel-Brunswik-Instituts für 2022, Hrsg. Oliver Decker, Fiona Kalkstein und Johannes Kiess, 79–95. Leipzig: edition überland.

Kiess, Johannes, Amelie Feuerer und 15 Grad Research. 2023. Vernetzt und etabliert: Unternehmerisches Engagement für die extreme Rechte in Ostsachsen. EFBI Policy Paper 1/2023. Leipzig: Else-Frenkel-Brunswik-Institut.

Kiess, Johannes, Oliver Decker, Ayline Heller und Elmar Brähler. 2020. Antisemitismus als antimodernes Ressentiment: Struktur und Verbreitung eines Weltbilds. In: Autoritäre Dynamiken: Alte Ressentiments – neue Radikalität: Leipziger Autoritarismus Studie 2020, Hrsg. Oliver Decker und Elmar Brähler, 211–248. Gießen: Psychosozial Verlag.

Kiess, Johannes, Amelie Feuerer und Marius Dilling. 2024. Entfremdung von der Demokratie? Kommunale Wählervereinigungen und die Fragmentierung des Parteiensystems. In: Demokratie in Sachsen 2023. Jahrbuch des Else-Frenkel-Brunswik-Instituts, Hrsg. Oliver Decker, Fiona Kalkstein, Piotr Kocyba und Johannes Kiess, 65–85. Leipzig: edition überland.

Kiess, Johannes, Sophie Nissen, Gideon Wetzel und Benjamin Winkler. 2022. Pilotausgabe. Leipzig: Else-Frenkel-Brunswik-Institut.

Kiess, Johannes, und Gideon Wetzel. 2022a. Digitale Mobilisierung für den Wutwinter. Leipzig: Else-Frenkel-Brunswik-Institut.

Kiess, Johannes, und Gideon Wetzel. 2022b: Extrem rechte Online-Mobilisierung zwischen Corona und Krieg. EFBI Digital Report 2022/1. Leipzig: Else-Frenkel-Brunswik-Institut.

Kiess, Johannes, und Gideon Wetzel. 2023a. Die extrem rechte und verschwörungsideologische Telegram-Szene in Sachsen. M & K Medien & Kommunikationswissenschaft 71: 309–338.

Kiess, Johannes, und Gideon Wetzel. 2023b. Klimalüge, Manipulation und der »Great Reset«. In: dies.: Rückgang der Mobilisierung – Fortsetzung der Agitation. EFBI Digital Report 2023–1. Leipzig: Else-Frenkel-Brunswik-Institut, 13–17.

Kitschelt, Herbert. 1999. Politische Gelegenheitsstrukturen in Theorien sozialer Bewegungen heute. In: Neue soziale Bewegungen, Hrsg. Ansgar Klein, Hans-Josef Legrand und Thomas Leif, 144–163. Wiesbaden: VS Verlag für Sozialwissenschaften.

Klärner, Andreas, und Michael Kohlstruck, Hrsg. 2006. Moderner Rechtsextremismus in Deutschland. Hamburg: Hamburger Edition.

Kleffner, Heike, Matthias Meisner, Christian Ditsch und Klaus Stuttmann, Hrsg. 2017. Unter Sachsen: zwischen Wut und Willkommen. 1. Aufl. Berlin: Ch. Links Verlag.

Klein, Ofra, und Jasper Muis. 2019. Online discontent: comparing Western European far-right groups on Facebook. European Societies 21: 540–562.

Köditz, Kerstin. 2009. Und morgen? Extreme Rechte in Sachsen. Berlin: Verbrecher Verlag.

Kohlstruck, Michael, und Alexander Lingk. 2016. Noch eine rechtsextreme Kleinstpartei: Der »III. Weg« in Brandenburg. In: Einblicke V. Ein Werkstattbuch, Hrsg. Dirk Wilking und Michael Kohlstruck, 199–222. Demos – Brandenburgisches Institut für Gemeinwesenberatung.

Koos, Sebastian. 2021. Konturen einer heterogenen »Misstrauensgemeinschaft«: Die soziale Zusammensetzung der Corona-Proteste und die Motive ihrer Teilnehmer:innen. In: Die Misstrauensgemeinschaft der »Querdenker«: die Corona-Proteste aus kultur- und sozialwissenschaftlicher Perspektive, Hrsg. Sven Reichardt, 67–89. Frankfurt: Campus Verlag.

Kopke, Christoph. 2018. »Der III. Weg«. Personal, Inhalte und Auftreten einer neonazistischen Kleinpartei. In: Durchmarsch von rechts. Völkischer Aufbruch: Rassismus, Rechtspopulismus, Hrsg. Friedrich Burschel, 128–136. Berlin: Rosa-Luxemberg-Stiftung.

Korsch, Felix. 2016a. »Natürliche Verbündete«? Die Pegida-Debatte in der AfD zwischen Anziehung und Ablehnung. In: Die Alternative für Deutschland, Hrsg. Alexander Häusler, 111–134. Wiesbaden: Springer Fachmedien Wiesbaden.

Korsch, Felix. 2016b. Wehrhafter Rassismus. Materialien zu Vigilantismus und zum Widerstandsdiskurs der sozialen Bewegung von rechts. In: Durchmarsch von rechts. Völkischer Aufbruch: Rassismus, Rechtspopulismus, Rechter Terror, vol. 16, Manuskripte, Hrsg. Friedrich Burschel, 64–103. Berlin: Rosa-Luxemberg-Stiftung.

Krampitz, Karsten, Markus Liske und Präkels, Hrsg. 2011. Kaltland: eine Sammlung. 1. Aufl. Berlin: Rotbuch Verlag.

Krause, Werner, Denis Cohen und Tarik Abou-Chadi. 2023. Does accommodation work? Mainstream party strategies and the success of radical right parties. Political Science Research and Methods 11: 172–179.

Kreter, Maximilian, und Philipp Currle. 2021. Kontextfaktoren asylfeindlicher Straftaten in Sachsen 2014–2017. In: Sachsen zwischen Integration und Desintegration, Hrsg. Steffen Kailitz, Gert Pickel und Tobias Genswein, 217–247. Wiesbaden: Springer Fachmedien Wiesbaden.

Krüger-Potratz, Marianne, Georg Hansen und Dirk Jasper. 1991. Anderssein gab es nicht: Ausländer und Minderheiten in der DDR. Münster; New York: Waxmann.

Kruschinski, Simon, und Jörg Haßler. 2017. Die Instrumentalisierung partizipativer Öffentlichkeit durch die AfD bei der rheinland-pfälzischen Landtagswahl 2016. MedienJournal 41: 97–112.

Kubitschek, Götz. 2016. Hygienefimmel und Thymos-Regulierung. Sezession 70: 10–13.

Kulturbüro Sachsen e. V. 2017. Unter den Teppich gekehrt. Das Unterstützungsnetzwerk des NSU in Sachsen. Dresden: Kulturbüro Sachsen e. V.

Kulturbüro Sachsen e. V. 2019. Sachsen rechts unten 2019. Dresden: Kulturbüro Sachsen e. V.

Kulturbüro Sachsen e. V. 2022. Sachsen rechts unten 2022. Dresden: Kulturbüro Sachsen e. V.

Langebach, Martin, und Jan Raabe. 2016. Die ›Neue Rechte‹ in der Bundesrepublik Deutschland. In: Handbuch Rechtsextremismus, Hrsg. Fabian Virchow, Martin Langebach und Alexander Häusler, 561–592. Wiesbaden: Springer Fachmedien Wiesbaden.
Lass-Hennemann, Johanna, M. Roxanne Sopp, Norma Ruf, Monika Equit, Sarah K. Schäfer, Benedikt E. Wirth und Tanja Michael. 2023. Generation climate crisis, COVID-19, and Russia–Ukraine-War: global crises and mental health in adolescents. European Child & Adolescent Psychiatry.
Leggewie, Claus. 2017. Anti-Europäer: Breivik, Dugin, al-Suri & Co. Bonn: Bundeszentrale für politische Bildung.
Lengfeld, Holger. 2017. Die »Alternative für Deutschland«: eine Partei für Modernisierungsverlierer? KZfSS Kölner Zeitschrift für Soziologie und Sozialpsychologie 69: 209–232.
Lepenies, Philipp. 2022. Verbot und Verzicht: Politik aus dem Geiste des Unterlassens. Berlin: Suhrkamp.
Lisson, Frank. 2008. Widerstand. Lage – Traum – Tat. Schnellroda: Antaios.
Löwenthal, Leo. 1990. Falsche Propheten: Studien zum Autoritarismus. Frankfurt am Main: Suhrkamp.
Luhmann, Niklas. 1995. Die Realität der Massenmedien. In: Die Realität der Massenmedien, 5–73. Wiesbaden: VS Verlag für Sozialwissenschaften.

Mau, Steffen, Thomas Lux und Linus Westheuser. 2023. Triggerpunkte: Konsens und Konflikt in der Gegenwartsgesellschaft. Originalausgabe, Sonderdruck. Berlin: Suhrkamp.
Maurer, Marcus, und Jost, Pablo. 2020. Das Ende der Debattenkultur? Zeitschrift für Politik Heftnummer 67(4): 473–490.
McAdam, Doug. 1996. Conceptual origins, current problems, future direction. In: Comparative Perspectives on Social Movements, Hrsg. Doug McAdam, John D. McCarthy und Mayer N. Zald, 23–40. Cambridge: Cambridge University Press.
Meisner, Matthias. 2017. Die Relativierer. Die Staatspartei CDU unternimmt zu wenig gegen Fremdenhass. In: Unter Sachsen: zwischen Wut und Willkommen, Hrsg. Heike Kleffner, Matthias Meisner, Christian Ditsch und Klaus Stuttmann, 14–23. Berlin: Ch. Links Verlag.
Melcher, Reinhold. 2018. I'm still here: Elektorale Erfolgsbedingungen der NPD in Gemeinden Sachsens. Zeitschrift für Vergleichende Politikwissenschaft 12: 365–397.
Moffitt, Benjamin. 2014. How to Perform Crisis: A Model for Understanding the Key Role of Crisis in Contemporary Populism. Government and Opposition FirstView: 1–29.
Moffitt, Benjamin. 2016. The global rise of populism: performance, political style, and representation. Stanford, California: Stanford University Press.
Mudde, Cas. 2019. The far right today. Cambridge, UK: Polity Press.
Mudde, Cas. 2004. The Populist Zeitgeist. Government and Opposition 39: 541–563.
Mudde, Cas, und Cristóbal Rovira Kaltwasser. 2017. Populism: a very short introduction. New York, NY: Oxford University Press.
Müller, Jan-Werner. 2016. Was ist Populismus? Ein Essay. Originalausgabe, 1. Aufl. Berlin: Suhrkamp.
Müller, Josef. 2016. Stammland von »Der III. Weg«. Der Rechte Rand 158: 13.

Nagle, Angela. 2017. Kill all normies: the online culture wars from Tumblr and 4chan to the alt-right and Trump. Winchester, UK ; Washington, USA: Zero Books.
Nattke, Michael. 2021. Eine Bürgergesellschaft von rechts. »Selbstverharmlosung« durch biedere Vereinsmeierei. In: Autoritärer Sog. Gefährliche Veränderungen der Gesellschaft, Hrsg. Vorbereitungskreis des Gesprächskreises Rechts, 24–39. Berlin: Rosa-Luxemberg-Stiftung.
Nestler, Christian, und Jan Rohgalf. 2014. Eine deutsche Angst – Erfolgreiche Parteien rechts von der Union. Zeitschrift für Politik 61: 389–413.
Neumann, Alexandra. 2020. Ostdeutsche Besonderheiten? Über Unterschiede politischer Kultur in Ost- und Westdeutschland mit Fokus auf den Freistaat Sachsen. In: Gesellschaftlichen Zusammenhalt gestalten, Hrsg. Cathleen Bochmann und Helge Döring, 75–95. Wiesbaden: Springer Fachmedien Wiesbaden.
Niedermayer, Oskar. 2014. Der Aufstieg der Alternative für Deutschland. Revue d'Allemagne et des pays de langue allemande 46: 231–241.
N. S. Heute. 2018. Weltanschauung & Rock'n'Roll – Im Gespräch mit Lunikoff. 2018.

Pirro, Andrea L. P. 2023. Far right: The significance of an umbrella concept. Nations and Nationalism 29: 101–112.
Pittelkow, Sebastian, und Katja Riedel. 2022. Rechts unten: die AfD: Intrigen, heimliche Herrscher und die Macht der Geldgeber. Originalausgabe. Hamburg: Rowohlt Polaris.

Quent, Matthias, Christoph Richter und Axel Salheiser. 2022. Klimarassismus: der Kampf der Rechten gegen die ökologische Wende. München Piper.
Quent, Matthias, und Peter Schulz. 2015. Rechtsextremismus in lokalen Kontexten: vier vergleichende Fallstudien. Wiesbaden: Springer Fachmedien.

Raschke, Joachim. 1988. Soziale Bewegungen: ein historisch-systematischer Grundriß. 2. Aufl. Frankfurt/Main: Campus.
Reuband, Karl-Heinz. 2019. Fremdenfeindlichkeit und AfD-Wahlerfolge in Sachsen: Wie sehr spiegeln sich regionale Unterschiede in Sachsen in den Einstellungen zu Ausländern und Muslimen wider? Zeitschrift für Parteienwissenschaften 4: 13–27.
Rippl, Susanne, und Christian Seipel. 2021. Ostdeutsche zwischen Protest und autoritären Reaktionen: das Beispiel Sachsen. ZRex – Zeitschrift für Rechtsextremismusforschung 1: 26–41.
Rippl, Susanne, und Christian Seipel. 2022. Rechtspopulismus und Rechtsextremismus: Erscheinung, Erklärung, empirische Ergebnisse. 1. Aufl. Stuttgart: W. Kohlhammer.
Roepert, Leo. 2022. Die globalistische Elite gegen das Volk. Antisemitismus und rechtspopulistisches Elitenbild. Zeitschrift für Geschichte und Kultur der Juden. 32(2), 279–301.
Rucht, Dieter. 1994. Öffentlichkeit als Mobilisierungsfaktor für soziale Bewegungen. In: Öffentlichkeit, öffentliche Meinung, soziale Bewegungen, Hrsg. Friedhelm Neidhardt, 337–358. Opladen: Westdeutscher Verlag.

Ruf, Christoph, und Olaf Sundermeyer. 2009. In der NPD: Reisen in die National Befreite Zone. München: Beck.

Salzborn, Samuel. 2015. Rechtsextremismus: Erscheinungsformen und Erklärungsansätze. 2., aktual. und erw. Aufl. Baden-Baden: Nomos.
Schedler, Jan. 2020. Extrem rechte Parteien. In Handwörterbuch des politischen Systems der Bundesrepublik Deutschland, Hrsg. Uwe Andersen, Jörg Bogumil, Stefan Marschall und Wichard Woyke, 783–790. Wiesbaden: Springer.
Schnetzer, Simon, Kilian Hampel und Klaus Hurrelmann. 2023. Jugend in Deutschland. Trendstudie 2023. Kempten: Selbstverl.
Schönekäs, Klaus. 1990. Bundesrepublik Deutschland. In: Neue Rechte und Rechtsextremismus in Europa, Hrsg. Frank Greß, Hans-Gerd Jaschke und Klaus Schönekäs, 218–349. Opladen: Westdeutscher Verlag.
Schröder, Martin. 2018. AfD-Unterstützer sind nicht abgehängt, sondern ausländerfeindlich. Berlin: DIW. URL *https://www.diw.de/documents/publikationen/73/diw_01.c.595120.de/diw_sp0975.pdf*.
Schulze, Christoph. 2009. Das Viersäulenkonzept der NPD. In: Strategien der extremen Rechten, Hrsg. Stephan Braun, Alexander Geisler und Martin Gerster, 92–108. Wiesbaden: VS Verlag für Sozialwissenschaften.
Schwörter, Jakob. 2019. Alternative für Deutschland. From the streets to the Parliament? In: Radical right movement parties in Europe, Routledge studies in extremism and democracy, Hrsg. Manuela Caiani und Ondřej Císař, 29–45. Abingdon, Oxon; New York, NY: Routledge.
Sellner, Martin. 2023. Regime Change von rechts. Eine strategische Skizze. Schnellroda: Antaios.
Semmig, Herman. 1846. Sächsische Zustände nebst Randglossen und Leuchtkugeln. Hamburg: C. F. Vogel.
Semsrott, Arne, und Matthias Jakubowski. 2023. Desiderius-Erasmus-Stiftung. Immer weiter nach rechts außen. Frankfurt am Main: Otto-Brenner-Stiftung.
Sontheimer, Kurt. 1978. Antidemokratisches Denken in der Weimarer Republik: Die politischen Ideen des deuschen Nationalismus zwischen 1918 und 1933. München: Deutscher Taschenbuch-Verlag.
Speit, Andreas, Hrsg. 2018. Das Netzwerk der Identitären: Ideologie und Aktionen der Neuen Rechten. 1. Aufl. Berlin: Ch. Links Verlag.
Spier, Tim. 2007. Regionale Varianz bei der Wahl der NPD – Eine wahlökologische Untersuchung zur Landtagswahl 2004 in Sachsen. In: Die NPD, Hrsg. Uwe Backes und Henrik Steglich, 75–103. Baden-Baden: Nomos.
Stahl, Enno. 2019. Die Sprache der neuen Rechten: populistische Rhetorik und Strategien. Stuttgart: Kröner.
Stegemann, Patrick, und Sören Musyal. 2020. Die rechte Mobilmachung: wie radikale Netzaktivisten die Demokratie angreifen. Berlin: Econ.
Steglich, Henrik. 2005. Die NPD in Sachsen: organisatorische Voraussetzungen ihres Wahlerfolgs 2004. 1. Aufl. Göttingen: V & R Unipress.
Stier, Sebastian, Lisa Posch, Arnim Bleier und Markus Strohmaier. 2017. When populists become popular: comparing Facebook use by the right-wing movement Pegida and German political parties. Information, Communication & Society 20: 1365–1388.

Taggart, Paul A. 2000. Populism. Maidenhead: Open University Press.
Tarrow, Sidney. 1994. Power in Movement. Cambridge: Cambridge University Press.
Teune, Simon. 2021. Querdenken und die Bewegungsforschung – Neue Herausforderung oder déjà-vu? Forschungsjournal Soziale Bewegungen 34: 326–334.
Tilly, Charles, und Sidney Tarrow. 2006. Contentious Politics. Oxford: Oxford University Press.

Vieten, Ulrike M. 2020. The »New Normal« and »Pandemic Populism«: The COVID-19 Crisis and Anti-Hygienic Mobilisation of the Far-Right. Social Sciences 9: 165.
Virchow, Fabian. 2018. Rechte Publizistik – zugänglicher und vielfältiger denn je. Der Rechte Rand 172, *https://www.der-rechte-rand.de/archive/3685/rechte-publizistik/*.
Virchow, Fabian. 2015. The Identitarian Movement: What Kind of Identity? Is It Really a Movement? In: Digital Media Strategies of the Far Right in Europe and the United States, Hrsg. Helga Druxes und Patricia Anne Simpson, 177–190. Lanham: Lexington.
Virchow, Fabian, und Alexander Häusler. 2021. Pandemie-Leugnung und extreme Rechte. Forschungsjournal Soziale Bewegungen 34: 259–266.
Vobruba, Georg. 2020. Einfachdenken in der komplexen Gesellschaft. Das Volk, die repräsentative Demokratie und der Populismus. In: Aktualität der Demokratie Strukturprobleme und Perspektiven, Hrsg. Martin Endreß, Sylke Nissen und Georg Vobruba, 105–155. Weinheim: Beltz Juventa.
Volk, Sabine. 2021. Die rechtspopulistische PEGIDA in der COVID-19-Pandemie: Virtueller Protest »für unsere Bürgerrechte«. Forschungsjournal Soziale Bewegungen 34: 235–248.

Wagner, Bernd, Hrsg. 1994. Handbuch Rechtsextremismus: Netzwerke, Parteien, Organisationen, Ideologiezentren, Medien. Originalausg. Reinbek bei Hamburg: Rowohlt Taschenbuch.
Waibel, Harry. 1996. Rechtsextremismus in der DDR bis 1989. Köln: PapyRossa.
Weichert, Stephan. 2014. Demokratie als Shitstorm? Implikationen zur politischen Debattenkultur durch Social Media. Communicatio Socialis 47: 203–213.
Weiss, Volker. 2017. Die autoritäre Revolte: Die Neue Rechte und der Untergang des Abendlandes. Stuttgart: Klett-Cotta.
Wölk, Volkmar. 2017. Neue Rechte. In: Handlexikon Rechter Radikalismus, Hrsg. Klaus Ahlheim und Christoph Kopke, 102–104. Ulm: Klemm + Oelschläger.
WSI. 2022. Neue Daten der repräsentativen Erwerbspersonenbefragung. Wirtschaftliche Belastungen und Sorgen durch Ukraine-Krieg und Inflation weiter verbreitet als auf Höhepunkt der Corona-Krise. URL: *https://www.boeckler.de/pdf/pm_wsi_2022_05_27.pdf*.

Zúquete, José Pedro. 2018. The Identitarians: the movement against globalism and Islam in Europe. Notre Dame, Indiana: University of Notre Dame Press.

Danksagung

Dieses Buch hätte ohne Vorarbeiten und die Zusammenarbeit mit vielen Kolleg:innen und Engagierten nicht entstehen können. Wir danken insbesondere den Mitarbeiter:innen des *Kulturbüro Sachsen e. V.* für die Zurverfügungstellung ihres Wissens über lokale Strukturen der extremen Rechten in Sachsen, Gideon Wetzel für die Unterstützung bei der Auswertung der Telegram-Kanäle und *vue.critique* für die in diesem Buch verwendeten Fotografien.

Demokratie in Sachsen – Jahrbuch des Else-Frenkel-Brunswik-Instituts 2022
Broschur mit Schutzumschlag
15,5 × 23,0 cm
320 Seiten
ISBN 978-3-948049-20-1

Antidemokratische Kräfte haben in Sachsen einen hohen Organisierungsgrad. Die Beiträge dieses Jahrbuchs des Else-Frenkel-Brunswik-Instituts widmen sich demokratiefeindlichen Bestrebungen im Freistaat und liefern vielfältige Perspektiven, Befunde und Analysen auf die politische Situation. Das Jahrbuch enthält neben wissenschaftlichen Beiträgen etliche Berichte aus der sächsischen Zivilgesellschaft.
Mit Fotografien der Leipziger Künstlerin Sandra Schubert.

Demokratie in Sachsen – Jahrbuch des Else-Frenkel-Brunswik-Instituts 2023
Broschur mit Schutzumschlag
15,5 × 23,0 cm
360 Seiten
ISBN978-3-948049-24-9

Wie können Betriebsräte die Demokratie stärken? Wie funktioniert Gegenwehr gegen rechte Bestrebungen in der Kampfsportszene? Was wird in einer Demokratie verdrängt? Im dritten Jahrbuch des Else-Frenkel-Brunswik-Instituts liefern Forscher und Mitglieder der sächsischen Zivilgesellschaft vielfältige Perspektiven, Befunde und Analysen. Der Band bietet damit die Grundlage, um die politische Situation im Freistaat im »Superwahljahr 2024« zu verstehen.
Mit Fotografien des Leipziger Künstlers Falk Haberkorn.

AMADEU ANTONIO STIFTUNG

Wir danken der *Amadeu Antonio Stiftung* für die freundliche Unterstützung.

Bibliografische Information der Deutschen Nationalbibliothek
Die Deutsche Nationalbibliothek verzeichnet diese Publikation in der Deutschen Nationalbibliografie; detaillierte bibliografische Daten sind im Internet unter *http://dnb.dnb.de* abrufbar.

ISBN 978-3-948049-25-6

Dritte Auflage, September 2024

Gestaltung und Satz
Phillip Hailperin, Hofmeister Stauder. Büchermacher, Berlin

Herstellung
Sabine Artner, Halle (Saale)

Druck und Bindung
PRINT GROUP Sp. z o.o., Szczecin

Printed in Poland